JN298704

野菜をたべる

4つの方法でかんたん！ 野菜不足を解消します

ベターホーム協会

かんたんだから、続けられそう

気になるけれど…

時間がなかったり、外食が多くなったりと、食事の野菜不足が気になります。家にある野菜でかんたんにと思うと、いつも野菜サラダばかり。レシピを見て作ろうと思えば、野菜の用意がめんどう。
手持ちの野菜をパパッと料理して、おいしくたくさん食べる方法はないものでしょうか？

発想を変えてみましょう

この悩みを解消するために、この本では4つのかんたんな調理の方法を提案します。
❶ フライパンで蒸し焼きにする
❷ 電子レンジでまとめて加熱する
❸ 生でたくさん食べる
❹ オーブンでまとめ焼き

ふだん当たり前にしている料理のし方ですが、あらためて注目してみると、野菜をたくさん食べるためのコツがありました。調理の方法を覚えてしまえば、野菜の種類がそろわなくても、レシピなしでも、野菜のおかずをすぐ作ることができます。

手間なしで野菜を食べたい

また、野菜はなるべくシンプルに食べたいものです。「生で食べる」「ゆでる（チンする）だけ」など、しごくかんたんな食べ方を"シンプル小皿"の項目で紹介しました。味つけも、よくある市販の調味料類を活用して手軽にできるようになっています。このシンプルなひと皿で約70gの野菜が食べられます。

気負わず野菜を食べる習慣を

本の後半では、野菜がしっかりとれるメニュープレートをご紹介します。「毎日、こんなかんじに野菜を食べればOK」というイメージトレーニングです。
主食 ＋ 主菜 ＋ 副菜のパターンがよくわかるはず。野菜の副菜は"シンプル小皿"のおかずですから、気軽に作れます。
かんたんな調理法を利用しつつ、このメニュープレートのような食事を心がければ、野菜不足は解消！　野菜を食べる習慣もばっちり身につきます。

4つの方法で かんたん！ 野菜不足を解消します

フライパンにどんどん入れて

- キャベツと豚肉の蒸し焼き ……………… 12
- キャベツと鮭のピリ辛チャンチャン ……… 14
- キャベツのお好み焼き …………………… 15
- トマトといんげんの蒸し煮 ……………… 16
- かぼちゃのピザ風 ………………………… 17
- はくさいの蒸し煮 ………………………… 18
- チンゲンサイとねぎのクリーム煮 ……… 19
- ラタトゥイユ ……………………………… 20
- 野菜のトマトチリソース ………………… 21

……サッといためるだけ……

- ●キャベツ
  にら
  レタス ……………………………………… 22
- ●さやえんどう
  ししとうがらし
  こまつな
  ピーマン …………………………………… 23
- ●たまねぎ
  きのこ
  じゃがいも ………………………………… 24
- ●もやし
  トマト
  なす ………………………………………… 25

電子レンジでまとめてチン

- 野菜ミックスサラダ ……………………… 26
- ジャーマンポテトサラダ ………………… 28
- ポテトのニース風サラダ ………………… 29
- さつまいものレモン風味 ………………… 30
- 長いもと根菜のぽん酢あえ ……………… 30
- かぼちゃのオイスターソース味 ………… 31
- 蒸し野菜ととりの韓国だれ ……………… 32
- 蒸ししゃぶ ………………………………… 33
- 温野菜のバーニャカウダ ………………… 34
- 温野菜のピーナッツソース ……………… 35
- 蒸しなすの香味サラダ …………………… 36
- 野菜とわかめの湯豆腐サラダ …………… 36
- 三色野菜の蒸しサラダ …………………… 37

……チンするだけ……

- ●キャベツ・オクラ・ブロッコリー ……… 38
- ●スナップえんどう・アスパラガス
  さやいんげん ……………………………… 39
- ●にら・れんこん
  ほうれんそう ……………………………… 40
- ●パプリカ・きのこ・なす ………………… 41
- ●ごぼう・にんじん・さといも …………… 42
- ●かぼちゃ・ゴーヤ・さつまいも ………… 43

生でたくさん食べる方法

- コールスローの温玉のせ ……………… 44
- はくさいとりんごのサラダ …………… 46
- ポリポリ野菜サラダ …………………… 47
- だいこんの紫漬け ……………………… 48
- 野菜のサラダ漬け ……………………… 49
- 野菜のすし酢ピクルス ………………… 50
- プチピクルス …………………………… 51
- 香味野菜のステーキサラダ …………… 52
- から揚げサラダ ………………………… 53
- 冷しゃぶサラダのジュレソース ……… 54
- みず菜とチーズイン油揚げのサラダ … 55
- づけまぐろとアボカドのサラダ ……… 56
- あぶりいかのトマトマリネ …………… 57
- シーザーサラダ ………………………… 58
- 野菜の肉みそのっけ …………………… 59

……生で食べる……
- キャベツ・レタス ……………………… 60
- きゅうり・トマト ……………………… 61
- みず菜・長いも・たまねぎ …………… 62
- セロリ・だいこん・にんじん ………… 63
- パプリカ・ほうれんそう・かぶ ……… 64
- アボカド・なす・オクラ ……………… 65

まとめ焼きでご馳走

- おなじみ野菜のオーブン焼き ………… 66
- 夏野菜のオリーブ風味焼き …………… 68
- 和野菜の焼きびたし …………………… 69
- ポムポムチーズ焼き …………………… 70
- special ケーク・サレ …………………… 71

……焼くだけ……
- きのこ
  ねぎ
  なす ……………………………………… 72
- パプリカ
  さつまいも
  れんこん
  長いも …………………………………… 73

毎日の習慣にしよう！
野菜を食べる
メニュープレート

- かんたんだから、
  続けられそう ... 2
- この本で使う、
  あると便利な調味料類 ... 7
- 野菜の素顔
  （調理のポイント・栄養） ... 8
- 野菜ってどれくらい
  食べればいい？ ... 80

汁もので野菜を食べる

- 酸辣湯（サンラータン） ... 74
- 豆乳豚汁 ... 75
- アホスープ ... 76
- あさりのチャウダー ... 77

野菜を食べるメニュープレート

- menu ごぼうハンバーグ ... 82
- menu 豚肉のくわ焼き ... 84
- menu ピリ辛肉豆腐 ... 85
- menu ポークソテーおろしのせ ... 86
- menu とり肉のトマト煮 ... 87
- menu とり肉の香味焼き ... 88
- menu とりのあぶり焼き ... 89
- menu 鮭のつけ焼き ... 90
- menu かじきのみそマヨ焼き ... 91
- menu 白身魚のレンジ蒸し ... 92
- menu かきフライ ... 93

……この本のきまりごと……

● 計量
大さじ1=15ml　小さじ1=5ml
カップ1=200ml　ml=cc

● フライパン
フッ素樹脂加工のフライパンを使っています。鉄製のフライパンを使う場合、いためたり焼いたりする油の量は、多めにしてください。

● 電子レンジ
加熱時間は600Wのレンジのめやすです。500Wなら約1.2倍の時間がめやすです。

● オーブン
加熱温度は一般的な電気オーブンのめやすです。ガスオーブンの場合は10℃くらい低くしてください。オーブンは予熱してから使います。

● スープの素
顆粒のスープの素を使っています。チキン、ビーフなどはお好みで。固形スープの素は、包丁でけずって使えます。

● エネルギー（kcal）
特に記述がなければ、1人分です。

この本で使う、あると便利な調味料類

*砂糖・塩・みそなどごく一般的な調味料類は除いています。

- めんつゆ
  つけつゆ濃度で、または原液(濃縮2〜3倍)で使う。つけつゆを手づくりするなら、しょうゆ:みりん:だし=1:1:4の割合で合わせる。
- ぽん酢しょうゆ
- すし酢
  作るなら、酢大さじ2に対して砂糖大さじ1、塩小さじ1/3を混ぜる。

〈便利調味液〉そのままで使え、味のバリエーションも作れます。あえものやサラダ、焼きびたしなどに。

- あらびきこしょう
- カレー粉(カレーパウダー)
- ハーブソルト
- ローリエ

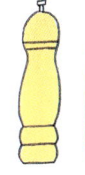

〈香辛料〉こしょうは粉末よりあらびきを。塩にハーブが混ざっていると便利。ローリエは煮もののほか、いためもの(p.26)にも使えます。

- 赤とうがらし
- 豆板醤(トーバンジャン)
- コチュジャン

〈辛味〉赤とうがらしはシンプルな辛味、豆板醤はコクがあり、コチュジャンは甘辛みそです。

- フレンチドレッシング
  作るなら、酢大さじ2に対し、サラダ油かオリーブ油を同量、塩小さじ1/6、こしょう少々を混ぜる。
- マヨネーズ

〈ドレッシング〉フレンチドレッシングは酢と油を約同量と覚えておけば作るのもかんたん。作りおきは冷蔵で4〜5日もちます。

- クリームチーズ(ポーション)
- スライスチーズ
- ヨーグルト

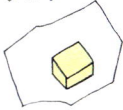

〈乳製品〉野菜料理にチーズが加わるとコクが出ておいしくなります。ヨーグルトはドレッシングに使えます。

- オリーブ油
- ごま油

〈油〉油の香りで料理の味は大きく変わります。オリーブ油はドレッシングにも使えるエキストラバージンがおすすめ。

- 白すりごま
- けずりかつおパック
- 梅干し
- 塩こんぶ
- ちりめんじゃこ

〈和の香りと塩味〉アクセントがついて、単調になりがちな野菜の味がひき立ちます。洋ならベーコン、アンチョビやオリーブなどを。

野菜の素顔

野菜をおいしく食べて、野菜の元気をもらいましょう

C＝調理のポイント
N＝栄養のこと

● キャベツ
C 生でも、蒸しても、焼いても使えて便利。生なら塩でもむなどしてたっぷり食べたい(p.44)。春キャベツは電子レンジよりゆでたほうが色がきれい。
N ビタミンCや、胃の調子をととのえるビタミンUが多い。アブラナ科特有の成分はがん予防で注目されている。

● たまねぎ
C 生を水にさらすと辛味がやわらぐが、栄養成分も減るので短時間に。加熱すると甘みがでる。トッピングやドレッシング(p.52)にも活用したい。
N ツンとするにおいの成分は、血栓を防いで血液をさらさらにする働きや、発がん物質の解毒作用がある。腸の善玉菌を増やすオリゴ糖も多い。

● にんじん
C ややかたいのでほかの野菜と同時に加熱するときは、小さめに切るとよい(p.29)。皮つきで調理できるが、生でつけおく料理は黒ずむので皮をむく。
N β-カロテンには抗酸化作用がある。また、体内でビタミンAに変わり、粘膜をじょうぶにして抵抗力を高める働きがある。

● じゃがいも
C かたさがムラにならないよう形をそろえて切る。時間があくときは水につけて変色を防ぐ。いためてシャッキリ感を味わうのも美味(p.24)。
N じゃがいものビタミンCは加熱しても壊れにくい。ビタミンCには抗酸化や、白血球の働きを高める働きがある。

● ねぎ
C 生は水にさらすと辛味がやわらぐ。辛味は加熱で甘味に変わって料理にうまみがでる。グリルで焼くと1本がすぐ食べられる(p.72)。
N 辛味の成分は血行促進、殺菌、抗酸化作用がある。体を温めたり、疲労回復効果もある。

● なす
C 油で調理するとえぐ味がとれて甘くなる。油をまぶしてからいためると油が少なくてすむ(p.25)。ゆでる、煮るなどの温度では皮色は退色しやすい。
N 青紫の皮にはアントシアニン系の色素成分があり、強い抗酸化作用がある。視力回復作用や、コレステロール値を下げる働きも。

● パプリカ
C 甘味があり、生でも食べやすい(p.64)。彩り野菜として少しずつでも使える。残りはラップでしっかり包んで冷蔵。
N ビタミンCとカロテンが豊富。特に赤パプリカは、ふつうの緑ピーマンより、2倍以上多い。赤の色素成分カプサンチンは抗酸化作用が強い。

● かぼちゃ
C かたいが、意外に早く火が通るため、ほかの野菜と一緒に加熱する場合はやや大きめに切るとよい(p.26)。
N β-カロテン、ビタミンC・Eがたっぷりで、いずれも抗酸化作用がある。ビタミンEには血行促進や美肌など、女性にうれしい働きがある。

● ブロッコリー
C ゆでずにすぐいためる場合は、房を小さくして火通りをよくする。電子レンジ加熱のあとは、余熱で色が悪くならないようにざるにとるとよい(p.37)。
N ビタミンA(カロテン)・C・E、食物繊維が豊富。発がん物質解毒酵素を活性化させるスルフォラファンという成分を含む。

● きのこ
C 生のまま冷凍できて便利。凍ったまま加熱調理するが、焼ききのこ(p.72)には不向き。きのこは水が出てやせるので、過加熱に注意。
N ビタミンDが豊富で、カルシウムの吸収をよくする。食物繊維が多く、成分のひとつβ-グルカンは免疫力を高める働きがある。

- **ごぼう**
  C 変色防止のため水にさらすが、栄養も逃げるので短時間に。電子レンジ加熱の場合、事前に酢水につけておくと黒くなりにくい(p.30)。
  N 食物繊維やオリゴ糖が豊富で、腸の健康を保つ。抗酸化作用があるポリフェノールも含む。

- **トマト**
  C うまみ成分を多く含むため、煮ものなどに使うとおいしい(p.21)。丸ごと冷凍できるが、形がくずれやすいので加熱調理に使う。
  N β-カロテン、リコピンが豊富。色素成分のリコピンには強力な抗酸化作用がある。トマト加工品にも多く含まれる。

- **レタス**
  C 生は水に放してパリッとさせる、加熱は手早くしてシャッキリ感を残すのがおいしくする秘訣。加熱するとたっぷり食べられる(p.22)。
  N 水分が多いので栄養価は高くない。食物繊維、ミネラルを多少含む。

- **きゅうり**
  C 形で歯ごたえが変化するので、切り方を変えて楽しみたい(p.61)。塩もみで水気をしぼると、かさが減って味がつきやすい。
  N 栄養価は高くないが、カリウムや食物繊維を含む。カリウムは塩分の排出を助ける働きがある。

- **だいこん**
  C サラダや漬けもの、味を含ませる煮こみ料理などがおいしい(p.63)。味がしみこみにくい電子レンジやオーブン焼きには不向き。
  N 消化を助けるアミラーゼ(ジアスターゼ)を含む。アブラナ科の辛味成分には、抗酸化作用や、血栓を防ぐ働きがある。

- **にんにく**
  C 5gくらいの少量を使うことが多い。生食はごく少量で充分効く(p.58)。切った残りはラップでしっかり包み、早めに使う。
  N においの成分はビタミンB_1の吸収を高め、疲労回復に効果がある。また、強い殺菌・抗酸化作用も。

- **しょうが**
  C 5gくらいの少量で使うことが多いので、よく使う大きさに、小分けして冷凍しておくとよい。酢漬けにもできる(p.51)。
  N 辛味の成分には新陳代謝を促し、体を温め血行をよくする働きがある。

- **青菜**(こまつな・ほうれんそう・春菊)
  C 薄い葉ものは水分がとぶので電子レンジ加熱はあまり向かない。ほうれんそうはアクを水に逃したいため、ゆでるほうがよい。
  N カロテン、ビタミンC、カルシウムが多い。特にこまつなはカルシウム、鉄が多い。青菜には、成長に関係する栄養素の葉酸も多い。

- **にら**
  C 加熱しすぎると筋っぽくなり、色も悪くなるので短時間に。生でも食べられる。乾燥しやすくすぐしおれるため、調理直前に袋から出すとよい。
  N β-カロテン、ビタミンC、食物繊維などが多い。ねぎ、にんにくと同じユリ科で、香りの成分にはビタミンB_1の吸収を高める働きがある。

- **アボカド**
  C 生で手間いらずで食べられるので便利な果実。しょうゆ系の味がよく合う。残すときは、切り口にレモン汁をふって変色を防ぐ。
  N ビタミンEが多く、抗酸化作用や血液をさらさらにする働きがある。コレステロールを下げる働きのある不飽和脂肪酸が多い。

4つの方法で
かんたん！
野菜不足を解消します

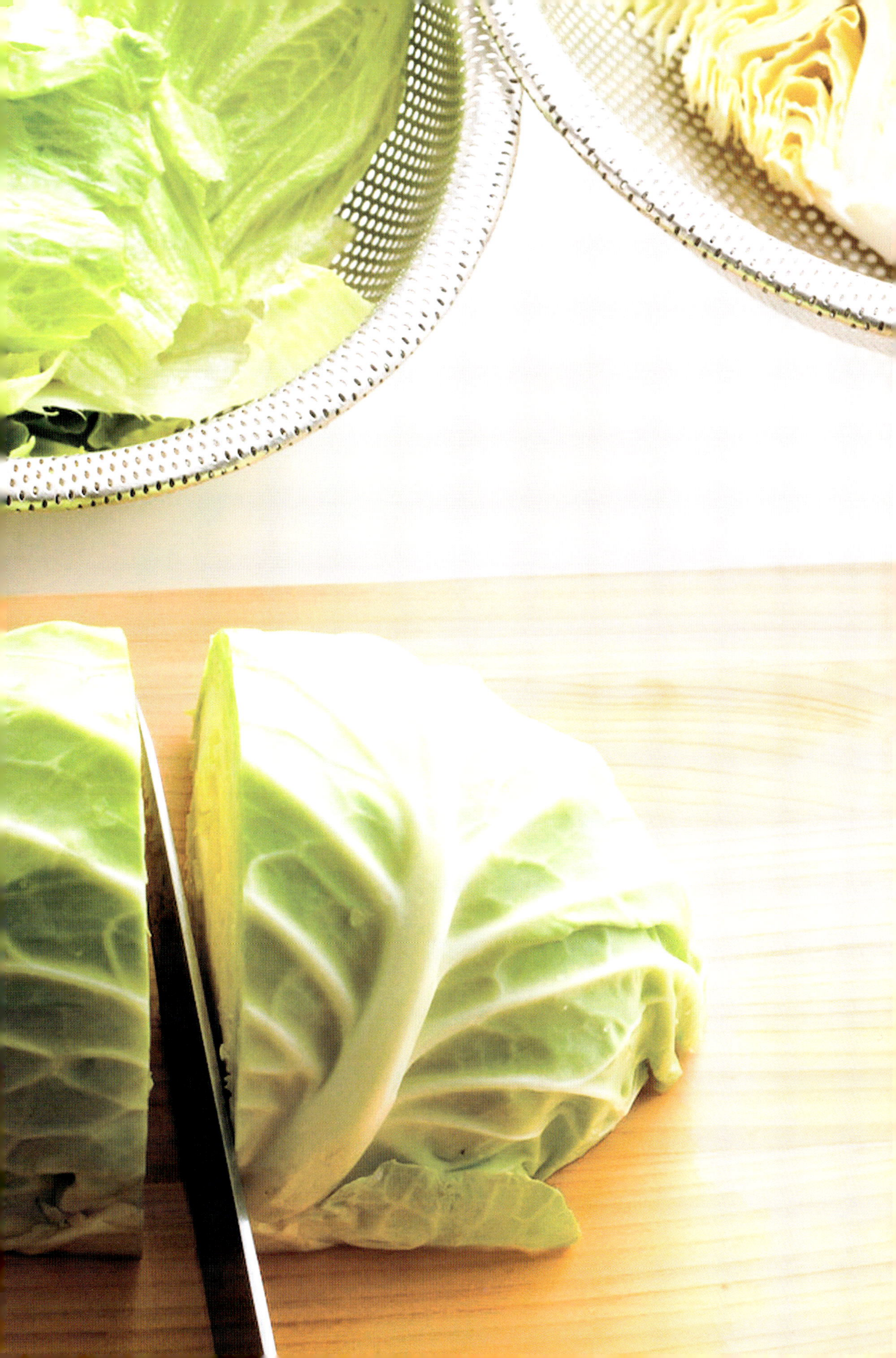

フライパンにどんどん入れて

野菜を深型のフライパンで蒸し焼きにする方法。キャベツ、はくさい、いも類など、ボリュームのある野菜は特におすすめです。基本の調理は3ステップ。

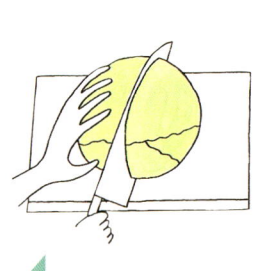

1 野菜を切る。

2 野菜を深型フライパンに入れて、少量の水分をたす。
＊蒸すときに、肉や魚介類を合わせると主菜級のおかずになる。

3 ふたをして蒸す。
＊そのままたれやソースで食べたり、加熱の最後にたれなどを加えたりする。

キャベツと豚肉の蒸し焼き

377kcal　25分

材料 2人分

[野菜　約550g分]
キャベツ	350g
小たまねぎ(またはたまねぎ)	6個(120g)
グリーンアスパラガス	4本(80g)

[肉ほか]
豚ロース肉(とんカツ用などかたまり)	200g
塩	小さじ1/4
こしょう	少々
にんにく(薄切り)	1片(10g)
オリーブ油	大さじ1/2
白ワイン	大さじ2
ローズマリー (またはタイム)	2枝
粒マスタード	少々

作り方

❶ キャベツをざっくりと4切れくらいに切る。小たまねぎは皮をむく。アスパラガスは長さを3つに切る。肉は塩、こしょうをふる。

❷ 深型のフライパンに油とにんにくを入れて熱し、肉を表面だけ焼いてとり出す。続いて、フライパンに野菜を重ね入れ、肉とローズマリーをのせて、ワインをふる。

❸ ふたをして弱火で約15分蒸し焼きにする。盛りつけてマスタードを添える。

こんな味！

野菜と焼いた肉を一緒に蒸し焼き。マスタードでシンプルに食べます。キャベツとたまねぎさえあればOKです。ハーブがなければスープの素小さじ1を加えてうまみをたします。

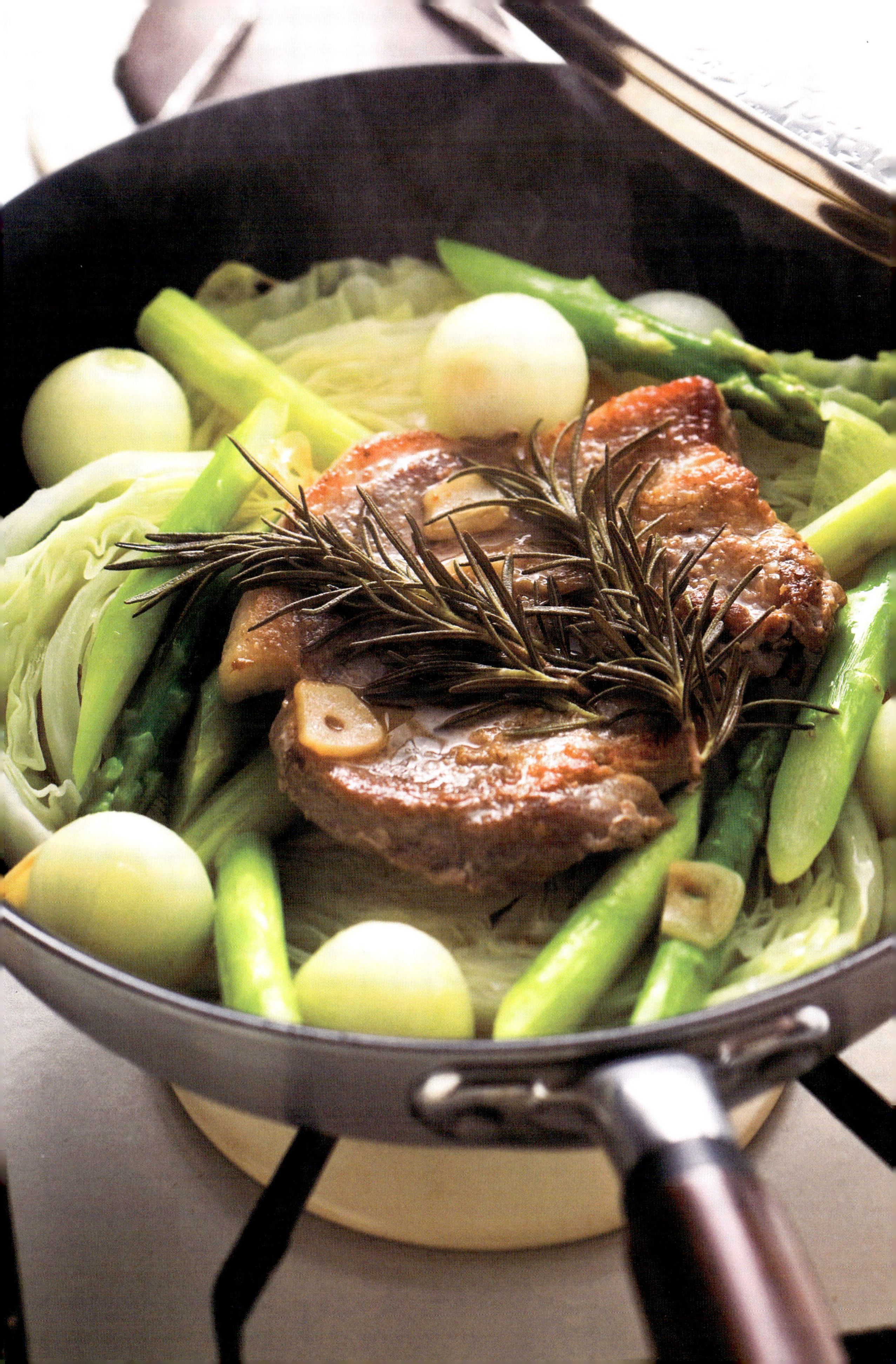

フライパンにどんどん入れて

キャベツと鮭の ピリ辛チャンチャン

248kcal | **25**分

材料 2人分

[野菜 約400g分]
キャベツ	250g
しめじ	100g
ねぎ	1/2本(50g)
にんじん	30g

[魚ほか]
生鮭(または生たら)	2切れ(200g)
塩・こしょう	各少々
サラダ油	小さじ1
酒	大さじ2

[みそだれ]
みそ	大さじ2
砂糖・みりん・酒	各大さじ1/2
豆板醤(トーバンジャン)	小さじ1/2

作り方

❶ キャベツは5cm角のざく切りにし、ねぎは斜め切り、にんじんは薄切りにする。しめじは小房に分ける。
鮭は皮をとり、半分に切って、塩、こしょうをふる。

❷ 深型のフライパンに油を熱し、強火で鮭の表面を焼いてとり出す。ペーパーで油をふき、魚のくさみをとる。
続いて、野菜を並べ、鮭を上にのせて、酒をふる。

❸ 弱火にかけ、ふたをして10分ほど蒸し焼きにする。
みそだれの材料を合わせ、最後に加え、ざっとあえて火を止める。

お手軽に

蒸し焼きしたあとに、みそだれをからめてできあがり。チャンチャン焼きは鉄板焼きでおなじみですが、毎日のおそうざいならフライパンで作るのが手軽です。濃厚なみそだれが、食欲をそそります。

キャベツのお好み焼き

519kcal | 25分

材料 2人分

[野菜　約350g分]
- キャベツ ……………… 250g
- やまのいも …………… 100g
- 万能ねぎ ……………… 10本(20g)
- 紅しょうが ……………… 10g

[肉]
- 豚ばら肉(薄切り) ……… 100g

[生地]
- お好み焼き粉* ………… 100g
- 卵 ……………………… 1個
- 水 ……………………… 100ml

[トッピングなど]
- お好み焼きソース・マヨネーズ・青のり・けずりかつお ……… 各適量

*お好み焼き粉がないときは、小麦粉100g＋だしの素小さじ1を使用。

作り方

① キャベツはせん切り、やまのいもは細切り、万能ねぎは小口切り、しょうがはあらみじん切りにする。卵と水を混ぜ、粉を加えてダマがないように混ぜて生地を作る。

② 深型のフライパンに肉を広げて並べる。火にかけ、片面が焼けたら裏返し、火を止める。
続けて、キャベツをのせ、やまのいも、万能ねぎ、紅しょうがをのせて、生地を回しかける。

③ ふたをして、ごく弱火で7〜8分蒸し焼きにする。中身を裏返す(皿をあててフライパンごと裏返して中身を皿にとり、すべらせてもどす)。2〜3分蒸し焼きにする。皿にとり、ソースやマヨネーズを塗ってトッピング類をのせる。

こんなにビッグ！

お好み焼きは案外野菜をたくさん食べられる料理です。フライパンいっぱいに作るときは、野菜に生地を流しこむとラクチンです。残り野菜も加えられ、すっきりおいしく食べきれます。

フライパンにどんどん入れて

トマトといんげんの蒸し煮

286kcal｜25分

[材料] 2人分

[野菜　約500g分]
- トマト……………………1個(200g)
- さやいんげん……………100g
- にんじん…………………1/2本(100g)
- たまねぎ…………………1/2個(100g)

[ソーセージほか]
- ソーセージ………………4本(100g)
- 白ワイン(または酒)……大さじ2
- オリーブ油………………大さじ1
- 塩・こしょう……………各少々

[作り方]

❶ トマトはひと口大に、いんげんは長さを半分に切る。にんじんは薄いたんざく切り、たまねぎは約5mm幅に切る。ソーセージに切りこみを入れる。

❷ 深型のフライパンに野菜を重ね入れて、ソーセージをのせる。ワインとオリーブ油をかけ、塩、こしょうをふる。

❸ ふたをして、弱火で15〜18分蒸し煮にする。

野菜をクタッとする程度にやわらかく蒸し煮にします。野菜の甘味やオリーブ油のコクが渾然一体となっておいしい。いんげんが高い時期は、ブロッコリーやきのこにしても。

クタッとやわらかく

かぼちゃのピザ風

278kcal | **20**分

材料 2人分

[野菜　約400g分]

かぼちゃ	100g
ズッキーニ	1/2本(70g)（またはなす1個）
トマト	1個(200g)
たまねぎ	1/4個(50g)

[ベーコンほか]

ベーコン	2枚(40g)
黒オリーブの輪切り	6切れ(5g)
スライスチーズ(溶けるタイプ)	4枚
白ワイン(または酒)	大さじ2
塩・こしょう	各少々
(あれば)バジル	少々

作り方

❶ かぼちゃは約5mm厚さに切る。ズッキーニ、トマト、たまねぎも同じくらいの厚さに切る。ベーコンは長さを半分に切る。

❷ 深型のフライパンでベーコンの両面を軽く焼いて(油なし)、火を止める。その上にかぼちゃを並べ入れ、たまねぎ、ズッキーニ、トマト、チーズ(半分に折る)と重ね、黒オリーブを散らす。ワインをふり、塩、こしょうをふる。

❸ ふたをして、弱火で約10分蒸し焼きにする。皿に移し、バジルを飾る。タバスコをかけても。

目先を変えて　ビタミン豊富なかぼちゃは女性の味方。かんたんでおいしいチーズ蒸し焼きに。オリーブやアンチョビなどちょっぴり塩からいものがのると味がしまります。

フライパンにどんどん入れて

はくさいの蒸し煮

275kcal | **25分** （2人分としてのエネルギー）

材料 2〜3人分

[野菜 約750g分]
- はくさい……………1/4株(600g)
- えのきだけ…………1袋(100g)
- ねぎ…………………1/2本(50g)
- しょうが(せん切り)……1かけ(10g)

[肉ほか]
- 豚ばら薄切り肉………100g
- 酒……………………大さじ2

[つけだれ類]
- ぽん酢しょうゆ・
- ごま油・
- あらびき黒こしょう………各適量

作り方

❶ はくさいは5〜6cm長さに切る。えのきは長さを半分に切り、ねぎは斜め薄切りにする。肉は1枚ずつゆるく巻く。

❷ 深型のフライパンにはくさいを入れ、えのきとねぎをのせ、しょうがを散らす。肉をところどころに差しこむようにのせる。酒をふる。

❸ ふたをして、ごく弱火で約15分蒸し煮にする。好みのつけだれやこしょうで食べる。

さっ、いっこ！

フライパンからあふれるほどたっぷりのはくさいも、おいしく食べやすいのでぺろりと食べてしまいます。おなかは満足、体にもおさいふにもやさしいシンプル料理。

チンゲンサイとねぎのクリーム煮

191cal 20分 (2人分としてのエネルギー)

材料 2～3人分

[野菜 約300g分]
チンゲンサイ(またはこまつな)	2株(200g)
ねぎ	1本(100g)
しょうが	小1かけ(5g)

[ハム]
ハム	2枚(40g)

[ソース]
牛乳	100ml
生クリーム(または牛乳)	大さじ3
スープの素	小さじ1/2
かたくり粉	小さじ1
塩・こしょう	各少々

作り方

❶ チンゲンサイは長さを半分に切る。根元のほうは4～6つ割りにする。ねぎも同じ長さに切る。しょうがはせん切りにする。ハムは1cm幅に切る。

❷ 深型のフライパンに野菜を入れ、ハムをのせ、水カップ1/4(材料外)をかける。

❸ ふたをして、弱火で約10分蒸し煮にする。水気を捨てる。
ソースの材料を合わせ、よく混ぜてからフライパンに加える。混ぜながらひと煮立ちさせてとろみをつける。

ごはんに合う

蒸し煮にして最後に調味液を加えるだけです。コクのあるソースが、とろ～りと野菜を包みます。クリームというとごはんにどうかと思いますが、合います！ 加熱したねぎの甘味もご堪能あれ。

フライパンにどんどん入れて

ラタトゥイユ

204kcal | **25**分

[材料] 2人分

[野菜　約550g分]
- なす ……………………… 1個(70g)
- ズッキーニ(またはなす) …… 1/2本(70g)
- 赤パプリカ ……………… 1/2個(70g)
- かぼちゃ ………………… 50g
- たまねぎ ………………… 1/2個(100g)
- トマト …………………… 1個(200g)
- にんにく ………………… 1片(10g)

[味つけ]
- 白ワイン ………………… 大さじ2
- オリーブ油 ……………… 大さじ2
- 塩 ………………………… 小さじ1/3
- こしょう ………………… 少々

野菜をまとめてさっといためてから、蒸し煮するだけ。ほぼ野菜だけの水分で作ります。ズッキーニ、パプリカ、かぼちゃは全部そろわなくてもOK。作りおいて重宝するおかずです。

[作り方]

❶ なす、ズッキーニは7〜8mm厚さの輪切りにする。パプリカは2cm角に、かぼちゃも同じくらいに切る。たまねぎは薄切り、トマトはざく切りにする。にんにくは薄切りに。

❷ 深型のフライパンに、にんにく、オリーブ油を入れて、弱火にかける。香りが出たら、ほかの野菜をすべて加え、ざっと混ぜて油をなじませる。ワインをふる。

❸ ふたをして、弱火で約10分蒸し煮にする。塩、こしょうをふる。そのままでも食べられるが、冷やしたほうが味がなじんでよりおいしい。

野菜のトマトチリソース

95kcal　20分

材料 2人分

[野菜　約600g分]
トマト	2個(400g)
ねぎ	10cm
にんにく	1片(10g)
ブロッコリー	1/4株(50g)
かぶ	1個(100g)
エリンギ	1本(30g)

[味つけ]
酒	大さじ2

[チリソース]
トマトケチャップ	大さじ1
酒・水	各大さじ1/2
砂糖・しょうゆ	各小さじ1
豆板醤(トーバンジャン)	小さじ1/3
かたくり粉	小さじ1

作り方

❶ トマトはあらみじん切り、ねぎとにんにくはみじん切りにする。それ以外の野菜は食べやすい大きさに切る。

❷ 深型のフライパンに❶の野菜を入れ、酒をふる。

❸ ふたをして弱火で10分蒸し煮にする。チリソースの材料を合わせ、フライパンに加える。混ぜながら、ひと煮立ちさせてとろみをつける。

偉いトマトは

健康野菜で注目のトマトは、うまみや酸味が料理で大活躍。えびチリでおなじみのチリソースにトマトをプラスした料理です。ほかの野菜は、じゃがいも、なす、きのこといろいろに変えられます。

シンプル小皿

サッといためるだけ

＊フライパンで短時間いためるだけのおかずです。
＊1人分の分量です。1品70〜100gの野菜を使います。

にらの卵いため

103kcal　5分

にら	70g
卵	1個
塩・こしょう	各少々
ごま油	小さじ1
スープの素	少々

卵はといて塩、こしょうを混ぜる。にらを3cm長さに切って、油でいため、スープの素を混ぜて器にとる。続いて卵を半熟にいため、にらにのせる。

キャベツのにんにくいため

64kcal　5分

キャベツ	100g
にんにく	小1片（5g）
ごま油	小さじ1
塩・こしょう	各少々

キャベツはちぎり、にんにくは薄切りにする。油でキャベツとにんにくをいため、塩、こしょうをふる。

レタスのかき油いため

59kcal　5分

レタス	100g
オイスターソース	大さじ1/2
サラダ油	小さじ1

レタスはちぎる。油でいため、オイスターソースを加えてからめる。

にらとわかめのいため煮

57kcal　5分

にら	1/2束（50g）
にんじん	20g
A 水	カップ1/4
スープの素	小さじ1/3
乾燥わかめ	1g
サラダ油	小さじ1

Aを合わせてわかめをもどす。にらは3cm長さ、にんじんは細切りにする。野菜を油でいため、Aを加えて混ぜる。

キャベツのカレーいため

64kcal　5分

キャベツ	100g
サラダ油	小さじ1
A カレー粉	小さじ1/2
スープの素・塩・こしょう	各少々

キャベツを細切りにし、油でいためて、Aをふる。

レタスのピリ辛いため

55kcal　5分

レタス	100g
サラダ油	小さじ1
しょうが（せん切り）	5g
A 赤とうがらし（小口切り）	少々
スープの素	少々

レタスはちぎる。レタスとしょうがを油でさっといため、Aを加えてひと混ぜする。

さやえんどうの塩いため

102kcal　5分

さやえんどう　　80g（約40枚）
ハム　　　　　　1枚
サラダ油　　　　小さじ1
塩・こしょう　　各少々

さやえんどうは筋をとる。ハムは1cm幅に切る。油で両方をいため、塩、こしょうをふる。

こまつなとベーコンのマヨいため

131kcal　5分

こまつな　　　　80g
ベーコン　　　　1枚
マヨネーズ　　　大さじ1/2
塩・こしょう　　各少々

こまつなは4cm長さに切る。ベーコンを7〜8mm幅に切り、フライパンでよくいためてから、こまつなとマヨネーズを加えていためる。塩、こしょうをふる。

ピーマンの海苔いため

54kcal　5分

ピーマン　　　　2個（80g）
のり　　　　　　1/4枚
ごま油　　　　　小さじ1
塩　　　　　　　少々

ピーマンは細切りにし、のりはちぎる。油でピーマンをいため、しんなりしたら、塩、のりを加え、ひと混ぜする。

ししとうのごま油いため

65kcal　5分

ししとうがらし　5本（20g）
たまねぎ　　　　1/4個（50g）
ごま油　　　　　小さじ1
塩・こしょう　　各少々
白いりごま　　　小さじ1/2

ししとうは切り目を入れ、たまねぎは薄切りにする。油で野菜をいため、塩、こしょうをふる。ごまを指でひねりつぶして、ふる。

こまつなと油揚げのいためもの

110kcal　8分

こまつな　　　　80g
油揚げ　　　　　1/2枚（15g）
サラダ油　　　　小さじ1
A ┌ 酒　　　　　小さじ1
　└ しょうゆ　　小さじ1

こまつなは5mm幅に、油揚げは5mm角にきざむ。油でいため、しんなりしたらAを加え、汁気がとぶまでいためる。

ピーマンのみそいため

90kcal　5分

ピーマン　　　　2個（80g）
にんじん　　　　20g
ごま油　　　　　小さじ1
A ┌ みそ　　　　大さじ1/2
　└ みりん　　　大さじ1/2

ピーマンは4つ割りに、にんじんは薄いいちょう切りにする。一緒に油でいため、Aをからめる。

シンプル小皿

サッと いためる
だけ

たまねぎのソース焼き
67kcal **5分**

- たまねぎ……………1/3個（70g）
- サラダ油……………小さじ1
- ウスターソース……小さじ1
- パセリのみじん切り……少々

たまねぎは根元をつけたまま6～7mm幅のくし形に切る。油で両面を焼き、すき通ってきたらソースを加えてからめる。パセリを散らす。

ブナピーのペペロンチーノ味
90kcal **5分**

- ホワイトぶなしめじ……80g
- オリーブ油……………小さじ2
- A にんにく（みじん切り）……小1/2片
-   赤とうがらし（小口切り）……少々
- 塩・こしょう……………各少々

ぶなしめじは小房にほぐす。油でAを軽くいためてから、しめじを加えていため、塩、こしょうをふる。

じゃがいものぽん酢いため
97kcal **8分**

- じゃがいも……………1/2個（70g）
- セロリ……………20g
- サラダ油……………小さじ1
- ぽん酢しょうゆ……大さじ1

じゃがいもとセロリは細切りにする。油でいため、つやよくなったら、ぽん酢しょうゆを混ぜる。

たまねぎのバターしょうゆいため
116kcal **5分**

- たまねぎ……………1/3個（70g）
- コーン……………大さじ2（20g）
- バター……………10g
- しょうゆ……………少々
- パセリ（みじん切り）……少々

たまねぎはあらみじん切りにする。バターでいため、コーンを加えて、しょうゆを加えてひと混ぜする。パセリをふる。

しいたけのナンプラーいため
61kcal **5分**

- しいたけ……………3個（45g）
- ねぎ……………1/3本（30g）
- サラダ油……………小さじ1
- A ナンプラー……小さじ1
-   すし酢……………小さじ1

しいたけは軸を除いてひと口大に切り、ねぎは3cm長さに切る。一緒に油でいため、焼き色がついたらAを混ぜる。

じゃがいもの梅干しいため
94kcal **8分**

- じゃがいも……………1/2個（80g）
- サラダ油……………小さじ1
- 梅干しの果肉……大さじ1/2
- 塩・こしょう……………各少々

じゃがいもは薄いたんざく形に切る。油でいため、つやよくなったら、梅肉と塩、こしょうを混ぜる。

もやしの カレーいため

64kcal　5分

もやし	70g
にんじん	20g
サラダ油	小さじ1
カレー粉	小さじ1/3
すし酢	小さじ1

にんじんはせん切りにする。にんじんともやしを油でいため、カレー粉を混ぜる。すし酢を加えて火を止める。

もやしの ソースいため

139kcal　5分

もやし	100g
万能ねぎ（小口切り）	1～2本
豚ばら薄切り肉	20g
サラダ油	小さじ1
にんにくのすりおろし	小さじ1/4
ウスターソース	大さじ1/2

肉は1cm幅に切る。油でにんにくと肉をいためる。もやしを加えて軽くいため、ソースを混ぜる。盛りつけ、ねぎを散らす。

トマトとみょうがの さっといため

61kcal　3分

ミニトマト	5個（70g）
みょうが	1個
サラダ油	小さじ1
しょうゆ	小さじ1/2

トマトは半分に切り、みょうがは小口切りにする。油でトマトをさっといため、みょうが、しょうゆを加え、ひと混ぜしてすぐ火を止める。

トマトと卵のいためもの

134kcal　5分

トマト	1/2個（100g）
卵	1個
スープの素	少々
サラダ油	小さじ1

トマトはくし形に切る。卵はほぐしてスープの素を混ぜる。油でトマトの両面をさっと焼いて片寄せ、フライパンのあいたところで半熟卵を作る。火を止めて混ぜる。

なすの チリソース味

64kcal　5分

なす	大1個（90g）
サラダ油	小さじ1
スイートチリソース*	大さじ1/2

なすは細く切って、長さを半分にする。油でいため、しんなりしたら火を止め、チリソースを混ぜる。

*とうがらし、にんにくなどが入った甘酸っぱい東南アジアの調味ソース。

なすの油いため

94kcal　5分

なす	大1個（90g）
サラダ油	小さじ1
しょうがのすりおろし	小さじ1/2
しょうゆ	少々

なすは5～6mm厚さの輪切りにする。フライパンに広げ、油をかけて全体にからめてから火をつけていためる。盛りつけ、しょうがをのせてしょうゆをかける。

電子レンジでまとめてチン

電子レンジで野菜をまとめて加熱する方法です。ゆで野菜、蒸し野菜が手軽に作れ、野菜の栄養素も逃げにくい。

＊ほうれんそうやだいこんは電子レンジにあまり向きません。ゆでたほうがアクやえぐみがとれます。ごぼうやれんこんを色よく仕上げたい場合は、酢水につけて加熱します。

1 野菜を切る。
＊いもやにんじんなどのかたい野菜は薄めに切って、火の通りをよくする。

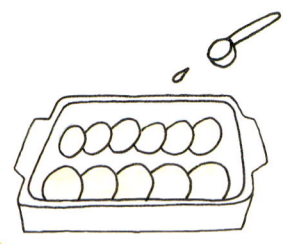

2 耐熱皿に平らに広げ、少量の水分をふる。

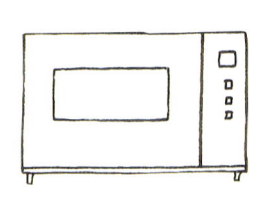

3 ラップをして、電子レンジで加熱（野菜100gにつき1〜2分がめやす）。
＊加熱後、料理によって、そのままたれなどをかけて食べたり、さっといためて味つけしたりする。

野菜ミックスサラダ

167kcal ｜ 15分

材料 2人分

[野菜 約400g分]
- じゃがいも ………………… 1個(150g)
- かぼちゃ …………………… 60g
- エリンギ …………………… 2本(60g)
- 赤パプリカ ………………… 1/3個(50g)
- たまねぎ …………………… 1/2個(100g)

[味つけ]
- ローリエ(ちぎる)＊ ……… 1〜2枚
- オリーブ油 ………………… 大さじ1
- 塩・こしょう ……………… 各少々

＊ローリエは乾燥でも生でも。またタイムやローズマリーでも。

作り方

❶ じゃがいもとかぼちゃは6〜7mm厚さのいちょう切りか半月切りに、ほかの野菜も食べやすい大きさに切る。

❷ 耐熱皿に野菜を広げて入れ、水大さじ1（材料外）をふりかける。

❸ ラップをして、電子レンジで約4分加熱する。水気をきる。
仕上げに、加熱した野菜とローリエを、オリーブ油で軽くいためて、塩と多めのこしょうをふる。

すぐ作れる

チン！ とすれば、ゆで野菜も蒸し野菜もOKの電子レンジ。これを利用すれば、おそうざい屋さんのミックスサラダもすぐ作れます。野菜をまとめてチンし、フライパンでさっといためあえ。

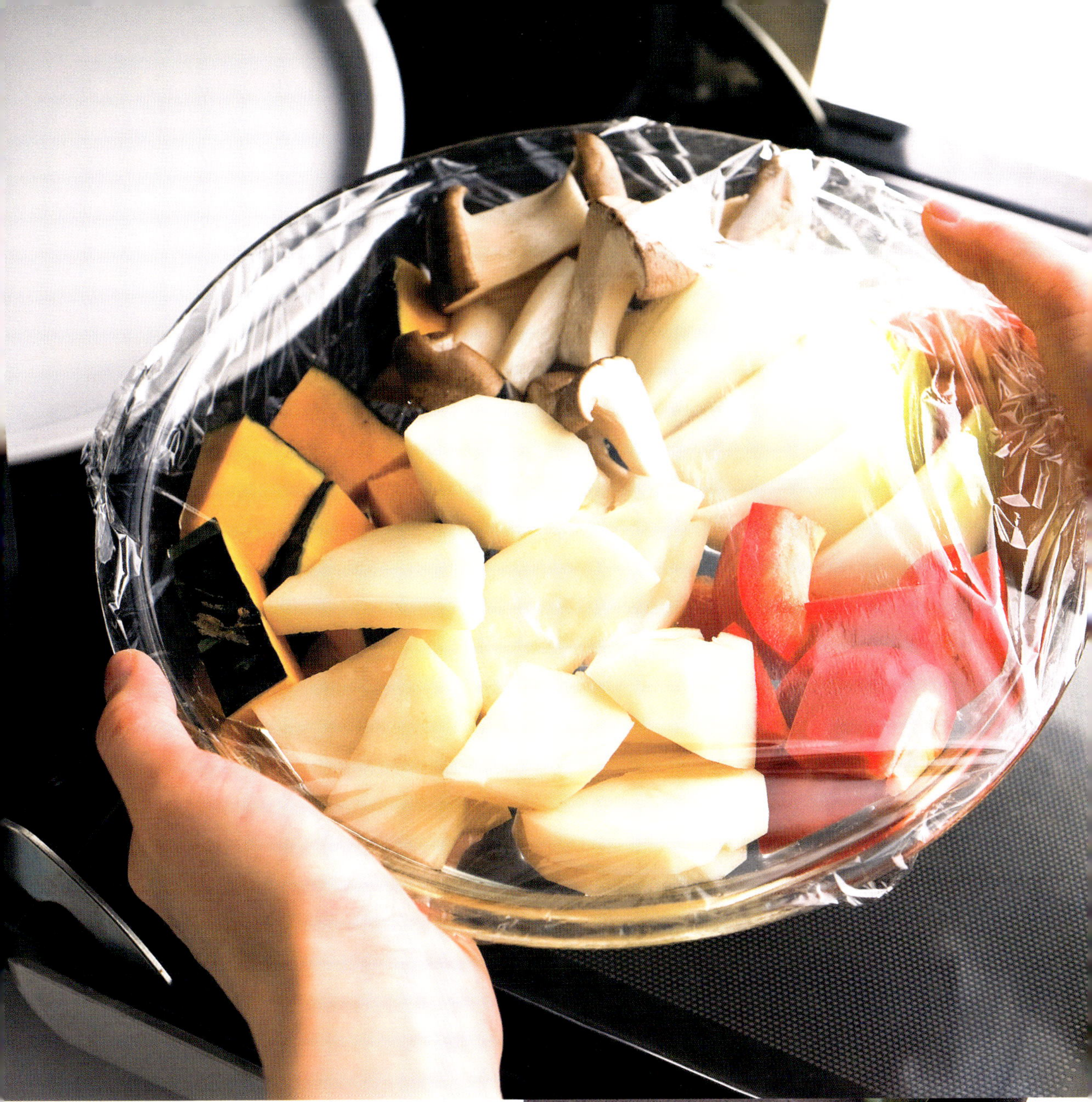

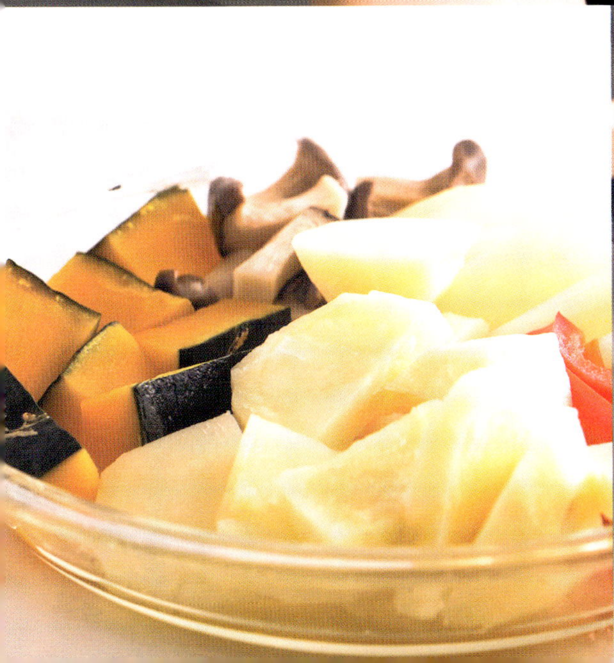

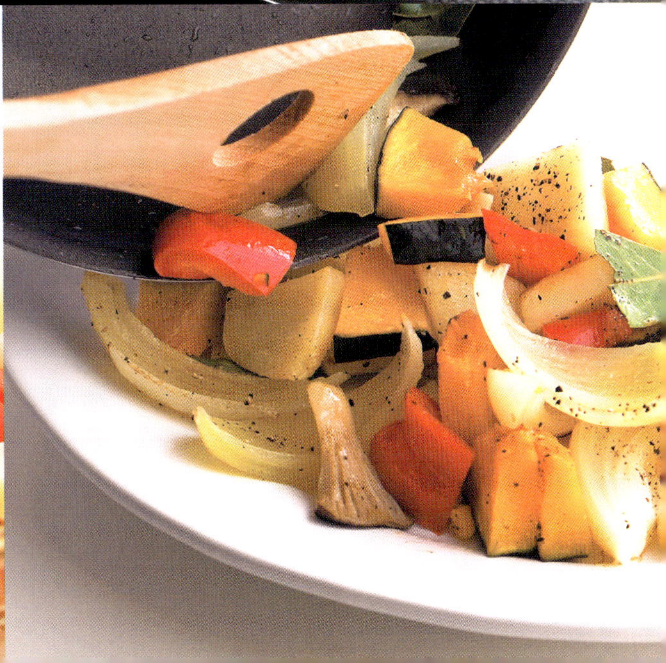

電子レンジでまとめてチン

ジャーマンポテトサラダ

300kcal　15分

材料 2人分

[野菜　約400g分]
じゃがいも …………… 2個(250g)
たまねぎ ……………… 1/2個(100g)
ブロッコリー ………… 1/4株(50g)

[ベーコンほか]
ベーコン(厚切り) …… 60g
サラダ油 ……………… 大さじ1/2
バター ………………… 10g
塩・こしょう ………… 各少々

作り方

❶ じゃがいもは5mm厚さの半月切りにし、たまねぎは6〜8つのくし形に切る。ブロッコリーは端から1cm幅に切る。ベーコンは5mm角の棒状に切る。

❷ 耐熱皿に、じゃがいもとたまねぎを広げて入れ、水大さじ1(材料外)をふりかける。

❸ ラップをして、電子レンジで約5分加熱する。水気をきる。
フライパンに油を熱してベーコンをいため、バター、加熱した野菜、ブロッコリーを加えて軽くいため、塩、こしょうをふる。

時間短縮

切ったじゃがいもとたまねぎを一緒にチン、これをベーコンといため合わせればあっという間にできあがり。今回ブロッコリーを青みに最後に加えましたが、小房を一緒にレンジにかけても。

ポテトの
ニース風サラダ

182kcal | 15分

材料 2人分

[野菜　約350g分]

じゃがいも	大1個(200g)
にんじん	1/2本(100g)
さやいんげん	6本(50g)

[アンチョビほか]

アンチョビ	2枚分(10g)
ゆで卵(輪切り)	1個
黒オリーブの輪切り	6〜7切れ(5g)
マヨネーズ	大さじ1

作り方

❶ じゃがいもは7〜8mm厚さ、にんじんは5mm厚さのいちょう切りにする。さやいんげんは長さを半分に切る。

❷ 耐熱皿に❶を広げて入れ、水大さじ1(材料外)をふりかける。

❸ ラップをして、電子レンジで約4分30秒加熱する。水気をきる。盛りつけ、野菜以外の材料をのせ、マヨネーズをかける。

家にある野菜で

マッシュしないポテトサラダ。たまねぎやブロッコリー、かぼちゃなども、一緒にして加熱できます。えびやスモークサーモン、トマトなどをのせれば、さらに彩りよく豪華になります。

電子レンジでまとめてチン

さつまいものレモン風味

175kcal　15分

材料 2人分

[野菜　約300g分]
さつまいも	150g
にんじん	1/4本(50g)
たまねぎ	1/2個(100g)

[味つけほか]
レモン(いちょう切り)	1/4個
サラダ油	大さじ1/2
砂糖	大さじ1
塩	少々
(彩り)イタリアンパセリ	少々

作り方

❶ さつまいもは皮つきのまま5mm厚さ、にんじんは2mm厚さの輪切りにする。いもは水にさらして水気をきる。たまねぎは繊維に直角に5mm厚さに切る。

❷ 耐熱皿に❶を広げて入れ、水大さじ1(材料外)をふりかける。

❸ ラップをして、電子レンジで約6分加熱する。水気をきる。**レモンと一緒に油でさっといためて、砂糖、塩をふる。**

いもと根菜

いもや根菜のサラダはボリュームも食物繊維もあって人気です。レンジ加熱し、ドレッシングをかければOKです。フライパンでさっと味をからませても。

長いもと根菜のぽん酢あえ

118kcal　15分

材料 2人分

[野菜　約250g分]
長いも	150g
れんこん	50g
ごぼう	50g
みず菜	30g

[味つけほか]
オリーブ油	大さじ1/2
ぽん酢しょうゆ	大さじ1・1/2
けずりかつお	適量

作り方

❶ 長いもとれんこんは皮をむき、4～5cm長さの6つ割りにする。ごぼうは皮をこそげ、斜め薄切りに。れんこんとごぼうは酢水(水カップ1に酢小さじ1)にくぐらせ、水気をきる。

❷ 耐熱皿に❶を広げて入れ、水大さじ2(材料外)をふりかける。

❸ ラップをして、電子レンジで約5分加熱する。水気をきる。みず菜を食べやすく切って器に盛る。**加熱した野菜を油でさっといため、ぽん酢しょうゆを混ぜて仕上げ、盛りつける。けずりかつおをのせる。**

かぼちゃのオイスターソース味

155kcal | 15分

材料 2人分

[野菜　約450g分]
かぼちゃ	250g
まいたけ	1パック(100g)
ねぎ	1/2本(50g)
ピーマン	1個(50g)

[味つけほか]
ごま油	大さじ1/2
オイスターソース	大さじ1/2

かぼちゃは電子レンジ調理向きの素材で、豊富なビタミン類も、ゆでるよりも残ります。ここでは、チンしたあとに、オイスターソースをからめ、ごはんによく合うおかずに。にんにくの芽も合います。

レンジ同率

作り方

❶ かぼちゃは4〜5mm厚さに切る。ねぎは4〜5cm長さに切る。まいたけは小分けする。

❷ 耐熱皿に❶の野菜を広げて入れ、水大さじ1(材料外)をふりかける。

❸ ラップをし、電子レンジで約5分加熱する。水気をきる。
仕上げに、ごま油でさっといため、オイスターソースをからめる。生のピーマンを5mm角に切って、散らす。

電子レンジでまとめてチン

とりと野菜を同時にレンジ蒸し。肉に切り目を入れて、火の通りをよくします。

蒸し野菜ととりの韓国だれ

246kcal 20分

材料 2人分

[野菜　約250g分]
キャベツ……………………200g
春菊…………………………50g
ねぎ（白い部分）……………1/4本（25g）

[肉ほか]
とりもも肉…………………150g
A ┌ 塩………………………少々
　└ 酒………………………小さじ1
B ┌ ねぎ（緑の部分）………10g
　└ しょうが（薄切り）……1かけ（10g）

[韓国だれ]
コチュジャン・白すりごま……各大さじ1
しょうゆ・ごま油………………各大さじ1/2
砂糖・酢…………………………各小さじ1/2

作り方

❶ 肉は皮側をフォークでつつき、肉側の厚い部分に切り目を数本入れる。Aをふる。キャベツはひと口大のざく切りにする。春菊は葉先を切り分け、残りは2～3cm長さに切る。ねぎは斜め薄切りにし、春菊の葉先と、それぞれ水に放してパリッとさせる。

❷ 耐熱皿にキャベツと春菊の茎のほうを入れ、肉をのせ、肉の上にBをのせる。酒大さじ1（材料外）をふる。

❸ ラップをして、電子レンジで約6分加熱する。Bを除き、肉を切り分けて、加熱した野菜と、春菊の葉先を合わせて盛りつける。たれの材料を混ぜてかけ、❶のねぎをのせる。

蒸ししゃぶ

349kcal | **20分**

材料 2人分

[野菜　約300g分]
- 大豆もやし ……………… 1袋(150g)
- キャベツ ………………… 100g
- ねぎ ……………………… 1/2本(50g)
- 万能ねぎ ………………… 1/3束(30g)

[肉ほか]
- 豚ばら薄切り肉
  （またはしゃぶしゃぶ肉）
  ……………………………… 100g
- A
  - 酒 …………………… 大さじ1
  - ごま油 ……………… 大さじ1
- 白いりごま ……………… 小さじ2
- 焼き肉のたれ(市販)* …… 大さじ4

*たれの代わりは以下を合わせる（酢大さじ2　しょうゆ大さじ1　豆板醤・ごま油各大さじ1/2　しょうがのみじん切り小さじ1/2）。

作り方

❶ もやしはひげ根をとる。キャベツはざく切りにする。ねぎは縦半分に切って5〜6cm長さに切る。万能ねぎも同じ長さに切る。

❷ 耐熱皿に野菜を重ねて入れ、肉を広げてかぶせる。Aをふりかける。

❸ ラップをして、電子レンジで約6分加熱する。ごまをふり、焼き肉のたれをかけて食べる。

蒸すよりラクチン！

薄切り肉を野菜にのせて蒸します。万能ねぎのほか、みつばやせり、ささがきごぼうなど、香りの野菜を加えても美味です。市販のたれやラー油などお好みの味で、てっとり早く食べられるおかずです。

電子レンジでまとめてチン

温野菜のバーニャカウダ

235kcal | 15分

材料 2人分

[野菜 約550g分]
かぶ……………………………2個(200g)
グリーンアスパラガス……2本(40g)
じゃがいも……………………1/2個(100g)
ブロッコリー(またはカリフラワー)
　　　　　　　　　　　　……1/4株(50g)
たまねぎ(白または紫)
　　　　　　　　　　　　……1/2個(100g)
パプリカ………………………1/2個(70g)

[バーニャカウダソース]
アンチョビ……………………3〜4枚(20g)
にんにく(すりおろす)
　　　　　　　　　　　　……1片(10g)
オリーブ油……………………大さじ2

作り方

① アスパラガスは根元のかたい皮をむく。ほかの野菜はひと口大に切る。

② 耐熱皿に野菜を広げて並べ、水大さじ2(材料外)をふりかける。

③ ラップをして、電子レンジで約4分加熱する。アスパラガスはすぐ水にとり、さます。水気をよくきる。小鍋にアンチョビを入れてスプーンの背でつぶし、にんにく、オリーブ油を混ぜる。弱火にかけて温める。温かいソースに野菜をつけて食べる。

ゆでたり蒸したりして野菜をそのまま食べるのはかんたんですし、野菜本来のおいしさを堪能できます。よりおいしくあきずに食べるにはソースの力が大。アンチョビのうまみがきいたソースです。

温野菜のピーナッツソース

118kcal | 15分

材料 2人分

[野菜　約350g分]

キャベツ	100g
もやし	50g
ブロッコリー	1/4株(50g)
にんじん	1/4本(50g)
トマト	1/2個(100g)

[ほか]

生揚げ	1/2個(100g)
ゆで卵	1個

[ピーナッツソース]

ピーナッツバター*	大さじ1
オイスターソース	小さじ1
しょうゆ	小さじ1
酢	小さじ2
水	大さじ1

*あれば粒が入っている
チャンクタイプがよりよい。
砂糖入りを使用。

作り方

❶ キャベツ、ブロッコリーはひと口大にし、にんじんは斜め薄切りにする。もやしはひげ根をとる。生揚げは1cm幅に切り、ラップで包む。

❷ 耐熱皿に❶の野菜を並べ、ラップをした生揚げをのせる。野菜に水大さじ2(材料外)をふりかける。

❸ 全体にラップをして、電子レンジで約4分加熱する。水気をきる。ソースの材料を合わせる。トマト、ゆで卵をひと口大に切って、盛り合わせる。

濃厚なソースがたまらなくおいしい、インドネシア風のサラダです。電子レンジにかけるとき、生揚げをラップに包んでおくと、味が野菜に移らず、それぞれをおいしく食べられます。

電子レンジでまとめてチン

蒸しなすの香味サラダ

ごまだれ 157kcal　オイスターだれ 103kcal　15分

材料 2人分

[野菜　約300g分]
なす		3個(210g)
ねぎ		1本(100g)
A { にんにく(みじん切り)		1片(10g)
赤とうがらし(小口切り)		小1本

[ほか]
油揚げ ……………………… 1枚(25g)

[たれ]いずれかをお好みで。
● ごまだれ
　練りごま・みりん ……… 各大さじ1
　しょうゆ ………………… 大さじ1/2
● オイスターだれ
　砂糖・オイスターソース … 各小さじ1
　酒・しょうゆ …………… 各大さじ1

作り方

❶ なすは8つ割りにする。ねぎは3〜4cm長さに、油揚げは1cm幅に切る。

❷ 耐熱皿に❶を広げて入れ、Aを散らす。水大さじ2(材料外)をふりかける。

❸ ラップをして、電子レンジで約5分加熱する。水気をきる。
好みのたれの材料を合わせ、かける(写真はごまだれ)。

レンジの裏技

豆腐の水気でわかめをもどし、野菜もゆでて一石三鳥。ボリュームがあってヘルシーなひと皿が、あっという間に作れます。

野菜とわかめの湯豆腐サラダ

98kcal　15分

材料 2人分

[野菜　約150g分]
キャベツ …………………… 100g
にんじん …………………… 30g
オクラ ……………………… 2〜3本(20g)

[ほか]
もめん豆腐 ………………… 1/2丁(150g)
乾燥わかめ ………………… 大さじ2(8g)

[梅だれ]
梅干しの果肉 ……………… 大さじ1
しょうゆ …………………… 小さじ1/4
みりん・水 ………………… 各大さじ1

作り方

❶ キャベツは細切り、にんじんはたんざく切り、オクラは縦半分に切る。豆腐は6つに切る。

❷ 耐熱皿に乾燥わかめを広げ、豆腐をのせる。その上に野菜をのせる。水大さじ2(材料外)をふりかける。

❸ ラップをして、電子レンジで約4分加熱する。盛りつける。
たれの材料を混ぜてかける。

三色野菜の蒸しサラダ

224kcal | 15分

材料 2人分

[野菜　約350g分]
ブロッコリー………150g
にんじん………1/2本(100g)
かぼちゃ………100g
にんにく………小1片(5g)

[チーズドレッシング]
ブルーチーズ*………30g
ワインビネガー
（または酢）………大さじ2
オリーブ油………大さじ2
こしょう………少々

*ブルーチーズは独特のにおいが特徴で塩気もきいている。クリームチーズでも作れる。

作り方

★ドレッシングのチーズをボールに入れて泡立器でほぐす。ビネガーを少しずつ加えてときほぐし、なめらかにする。オリーブ油を加え、よく混ぜてこしょうをふる。

❶ ブロッコリーは小房に分ける。かぼちゃは1cm厚さ2〜3cm角に切り、にんじんはやや薄めに切る。

❷ 耐熱皿に❶を広げて入れ、にんにくを薄切りにして散らす。水大さじ1（材料外）をふりかける。

❸ ラップをして、電子レンジで約4分30秒加熱する。水気をきる。盛りつけてドレッシングをかける。

カラフル

三色の野菜はともにビタミンが豊富で、特にβ-カロテンがたっぷり。体の中でビタミンAになって皮膚や粘膜をじょうぶにし、抵抗力をつけます。蒸しにんにくの健康パワーもあり。

| シンプル小皿 |

チンする
だけ

＊電子レンジ加熱が中心です。アクが強い、色が悪くなりやすい、乾燥しやすいなどの野菜はゆでています。
＊1人分の分量です。1品70〜100gの野菜を使います。
＊電子レンジにかけるときはラップをします。

キャベツの甘辛酢
43kcal　5分

キャベツ……………………70g
A ┌ すし酢……………………大さじ1
　├ ごま油……………………小さじ1/2
　└ 赤とうがらし（小口切り）……少々

キャベツはざく切りにし、電子レンジで約1分加熱。Aを合わせてキャベツをあえる。

オクラとトマトのサラダ
45kcal　3分

オクラ………………6本（40g）
ミニトマト……………2個
A ┌ しょうゆ……………小さじ1/2
　└ 酢・サラダ油………各小さじ1

オクラは小口切りにし、電子レンジで約30秒加熱。トマトを4つ割りにし、合わせてAであえる。

ブロッコリーのめんつゆマヨ
106kcal　3分

ブロッコリー………………70g
A ┌ マヨネーズ……………大さじ1
　└ めんつゆ（濃縮2〜3倍原液）
　　　………………小さじ1/3〜1/2

ブロッコリーは小房に分け、電子レンジで約1分30秒加熱。Aを合わせて、かける。

紫キャベツのコールスロー
105kcal　5分

紫キャベツ…………………70g
レーズン……………………大さじ1
A ┌ 酢・サラダ油………各大さじ1/2
　└ 塩・こしょう………各少々

キャベツは細切りにし、レーズンと一緒に電子レンジで約1分加熱。Aであえる。

オクラとキャベツの温サラダ
169kcal　4分

オクラ………………4本（30g）
キャベツ……………40g
ベーコン……………1枚（20g）
A ┌ 酢・オリーブ油……各小さじ2
　├ 粒マスタード………小さじ1
　└ 塩・こしょう………各少々

オクラはがくをけずって斜め半分に切り、キャベツとベーコンは細切りにする。合わせて電子レンジで約1分加熱。Aを合わせてかける。

ブロッコリーの塩こんぶあえ
29kcal　3分

ブロッコリー………………70g
塩こんぶ（またはこんぶの佃煮）……5g

ブロッコリーは小房に分け、電子レンジで約1分30秒加熱。塩こんぶであえる。

スナップえんどうの
おひたし

67kcal　5分

スナップえんどう………70g
かに風味かまぼこ………2本
A ┌ しょうゆ…………小さじ1
　├ 酒………………小さじ1/2
　└ けずりかつお……少々

スナップえんどうは筋をとり、電子レンジで約1分30秒加熱。かにかまを細く裂いて、一緒にAであえる。

スナップえんどうの
温玉のせ

106kcal　5分

スナップえんどう………70g
卵………………………1個
塩・こしょう……………各少々

❶ 湯のみ茶碗くらいの深めの器に卵を割り入れ、かぶるくらいの水をそそいで、黄身をようじでひと突きする。ラップをかけ、電子レンジで40秒～1分加熱して、水を捨てる（温泉卵）。
❷ スナップえんどうは筋をとり、電子レンジで約1分30秒加熱。盛りつけて卵をのせ、塩、こしょうをふる。

蒸しアスパラガス

56kcal　3分

グリーンアスパラガス……4本（80g）
A ┌ オリーブ油…………小さじ1
　├ 塩・こしょう………各少々
　└ 粉チーズ……………少々

アスパラガスは5cm長さに切り、電子レンジで約1分加熱し、水にとる。Aを順にかける。

アスパラの
マヨコチュあえ

58kcal　4分

グリーンアスパラガス……4本（80g）
A ┌ マヨネーズ…………大さじ1/2
　└ コチュジャン………小さじ1/3

アスパラガスは4cm長さの斜め切りにし、電子レンジで約1分加熱。Aであえる。

いんげんの
オーロラソースかけ

66kcal　3分

さやいんげん……………70g
A ┌ マヨネーズ・
　└ トマトケチャップ…各大さじ1/2

いんげんは、電子レンジで約1分30秒加熱し、水にとる。5～6cm長さに切り、Aをかける。

いんげんの
いり豆腐風

62kcal　5分

さやいんげん……………50g
にんじん…………………20g
豆腐………………………1/6丁（50g）
めんつゆ（濃縮2～3倍原液）
………………………小さじ1・1/2～2

いんげんは斜めに細かく切り、にんじんはせん切りにする。器に広げ、豆腐をのせてラップをし、電子レンジで約2分加熱。水気をきり、豆腐をフォークでほぐしながら野菜と混ぜ、めんつゆをかける。

シンプル小皿

チンするだけ

にらのおひたし
25kcal　5分

にら	80g
A 酒	小さじ1
しょうゆ	小さじ1
けずりかつお	少々

にらはさっとゆで、3cm長さに切って水気をしぼる。Aを合わせてにらにかけてなじませ、再び軽くしぼる。けずりかつおをのせる。

れんこんサラダ
70kcal　5分

れんこん	60g
酢水 水	カップ1/2
酢	小さじ1/2
ミニトマト（半分に切る）	2個
A 酢・オリーブ油	各小さじ1
塩・こしょう	各少々

れんこんは2mm厚さの輪切りか半月切りにする。酢水と一緒に器に入れ、電子レンジで約1分30秒加熱。トマトと一緒にAであえる。

ほうれんそうのナムル
107kcal　8分

ほうれんそう	100g
松の実	少々

[あえ衣]
白すりごま・ごま油	各大さじ1/2
しょうゆ	小さじ1

ほうれんそうはゆでて水にとって水気をしぼり、4cm長さに切る。あえ衣であえ、松の実を飾る。

にらの酢みそあえ
52kcal　5分

にら	80g
かまぼこ	20g
A みそ	小さじ1
すし酢	小さじ1

にらはさっとゆで、水気をしぼって3cm長さに切る。かまぼこは細切りにし、一緒にAであえる。

れんこんのレンジなます
113kcal　7分

れんこん	80g
油揚げ	1/2枚（15g）
A めんつゆ（濃縮2～3倍原液）	大さじ1/2～1
酢	小さじ1

れんこんは乱切りに、油揚げは1cm幅に切る。器にAと合わせ、電子レンジで約3分加熱。途中1度上下を返す。

ほうれんそうのおひたし
23kcal　5分

ほうれんそう	100g
けずりかつお	少々
しょうゆ	少々

ほうれんそうはゆでて水にとって水気をしぼり、5～6cm長さに切る。しょうゆをかけて、けずりかつおをのせる。

パプリカのめんつゆづけ

24kcal　13分

パプリカ(好みの色)……1/2個(70g)
めんつゆ(つけつゆ濃度)
　　　　　　　　……大さじ1・1/2
万能ねぎ(小口切り)……少々

パプリカは2cm角に切る。電子レンジで約1分加熱。水気をきり、めんつゆをかけて10分おく。ねぎをのせる。

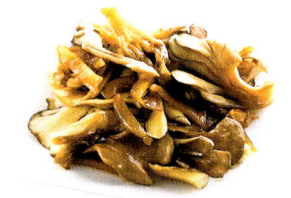

まいたけのザーサイあえ

54kcal　5分

まいたけ……80g
ザーサイ(味つけ)……15g
A［しょうゆ……小さじ1/2
　　ごま油……小さじ1］

まいたけは小分けし、ザーサイは細切りにする。合わせて電子レンジで約1分30秒加熱。水気をきり、Aであえる。

なすのごま油あえ

43kcal　5分

なす……1個(80g)
ねぎ(斜め薄切り)……10cm
A［ぽん酢しょうゆ……小さじ1
　　ごま油……小さじ1/2］

なすはへたを落とし、丸ごとラップで包んで電子レンジで約2分30秒加熱。縦に細く切り、ねぎと一緒にAであえる。

パプリカのクリームチーズあえ

88kcal　5分

パプリカ……1/2個(70g)
クリームチーズ……20g
塩……少々
あらびき黒こしょう……少々

パプリカは細切りにし、電子レンジで約1分加熱。水気をきって塩をふる。チーズをつぶしてやわらかくし、パプリカをあえ、こしょうをたっぷりめにふる。

えのきのおひたし

25kcal　13分

えのきだけ……1/2袋(50g)
パプリカ……30g
めんつゆ(つけつゆ濃度)
　　　　　　　　……大さじ1・1/2

パプリカは細切りにし、えのきだけと器に合わせ、電子レンジで約1分加熱。水気をきり、めんつゆをかけて10分おく。

なすの豆板醤あえ

37kcal　5分

なす……1個(80g)
みず菜……10g
A［みそ……小さじ1/2
　　豆板醤(トーバンジャン)……小さじ1/6
　　みりん……小さじ1］

なすは縦半分にして電子レンジで約1分30秒加熱し、皮をむいて細く裂く。みず菜は3cm長さに切る。Aであえる。

シンプル小皿
チンする
だけ

ごぼうのごま酢
86kcal　10分

ごぼう……………70g
[ごま酢]
白すりごま………大さじ1
すし酢……………大さじ1
塩…………………少々

ごぼうは5cm長さの縦4〜6つ割りにし、5分ゆでる。ごま酢であえる。

ごぼう サラダカレー味
207kcal　10分

ごぼう……………70g
ハム………………1枚
A [カレー粉………小さじ1/2
　　 マヨネーズ……大さじ1・1/2]
パセリ……………少々

ごぼうは5cm長さの細切りにし、5分ゆでる。ハムは細切りにする。両方をAであえ、パセリを混ぜる。

にんじんの甘酢しょうが
39kcal　5分

にんじん……………70g
しょうが(せん切り)…小1かけ(5g)
すし酢………………大さじ1

にんじんは4〜5mm厚さの半月切りにし、電子レンジで約2分30秒加熱。しょうがとすし酢であえる。

にんじんのレモンはちみつ
50kcal　5分

にんじん……………70g
レモンの薄切り……2〜3枚
はちみつ……………小さじ1

にんじんは3〜4cm長さのたんざく切りにし、レモンはいちょう切りにする。器に合わせ、はちみつをかけ、電子レンジで約2分30秒加熱。

さといもの練りごまあえ
86kcal　8分

さといも……………大1個(90g)
A [黒いりごま………小さじ1
　　 練りごま…………小さじ1/2
　　 みりん・しょうゆ…各小さじ1/2]

さといもは皮つきのままラップをし、電子レンジで約3分加熱(途中上下を返す)。皮をむき、フォークでつぶしながらAを混ぜる。

さといもの甘みそのせ
75kcal　8分

さといも……………大1個(90g)
ゆずの皮のすりおろし(またはいりごま)…少々
[甘みそ]
みそ…………………小さじ1
砂糖…………………小さじ1/2
みりん………………小さじ1

さといもは皮つきのままラップをし、電子レンジで約3分加熱(途中上下を返す)。皮をむき、ひと口大に切り、甘みそとゆずの皮をのせる。

かぼちゃの つゆびたし

72kcal **7**分

かぼちゃ……………80g
めんつゆ（つけつゆ濃度）
………………大さじ1

かぼちゃは5mm厚さに切る。器に入れて、電子レンジで約2分30秒加熱。めんつゆをかける。

ゴーヤの ごまみそあえ

36kcal **7**分

ゴーヤ……………80g
A｛ みそ……………小さじ1
　　 砂糖……………小さじ1/2
　　 白すりごま……小さじ1

ゴーヤは縦4つ割りにしたものを、薄切りにする。熱湯で1分ゆでる。Aであえる。

さつまいもの茶巾

134kcal **10**分

さつまいも…………80g
牛乳…………………小さじ1
クリームチーズ……10g

さつまいもは皮つきのまま水でぬらしてラップで包み、電子レンジで約2分30秒加熱。皮をむいてラップに包んでつぶし、牛乳をかけてもみ混ぜる。平たくし、チーズをのせ、茶巾にしぼる。

かぼちゃの つぶしサラダ

135kcal **10**分

かぼちゃ……………70g
スライスアーモンド…5g
コーン（水煮または缶詰）…10g
A｛ マヨネーズ……大さじ1/2
　　 塩・こしょう……各少々

アーモンドはフライパンで軽くいる。かぼちゃは4〜5cm角に切り、電子レンジで約2分30秒加熱。皮つきのまま、フォークでざっとつぶし、Aを混ぜる。アーモンドとコーンを混ぜる。

ゴーヤのおひたし

21kcal **5**分

ゴーヤ……………80g
めんつゆ（濃縮2〜3倍原液）
………………小さじ1・1/2〜2
けずりかつお………少々

ゴーヤは縦半分に切ってから薄切りにし、熱湯で1分ゆでる。めんつゆをかけ、けずりかつおをのせる。

さつまいもと ドライフルーツのサラダ

237kcal **7**分

さつまいも…………70g
ドライフルーツ（アプリコット・レーズン・プルーンなど）……20g

[フレンチドレッシング]
酢……………………大さじ1
サラダ油……………大さじ1
塩・こしょう………各少々

さつまいもは皮つきのまま1.5cm角に切り、水にさらす。ドライフルーツは1cm角に切る。一緒に電子レンジで約2分30秒加熱。ドレッシングであえる。

生でたくさん食べる方法

生野菜はかさ高だったり、味がものたりなかったりで案外多くは食べられないもの。3つの方法でたくさん食べられます。

A 塩もみ野菜
● 塩でもむ
かさが減り、食べやすくなる。

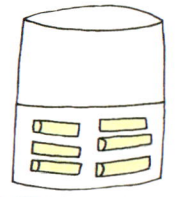

B 漬け野菜
● 漬けものにする
浅漬けやピクルスにしておけば、食べるときは手間なし！ だから野菜をひと皿確保できる。

C おかずサラダ
● たんぱく質と合わせる
魚肉のうまみと野菜のさっぱり感が相乗効果でおいしいおかずサラダ。野菜もたっぷり食べられ、脂肪のとりすぎ防止効果も。

コールスローの温玉のせ

196kcal　20分

材料　2人分

[野菜　約300g分]
キャベツ	150g
きゅうり	1本(100g)
たまねぎ	1/4個(50g)
塩	小さじ1/2

[ほか]
温泉卵	2個
粉チーズ	少々

[ソース]
マヨネーズ	大さじ2
レモン汁	小さじ1

作り方

❶ キャベツ、きゅうりはせん切りに、たまねぎは薄切りにする。ボールに合わせ、塩をふって混ぜ、10分ほどおく。

❷ 別のボールにソースを合わせ、野菜の水気をしぼって加え、あえる。盛りつけて温泉卵をのせる。粉チーズをふる。

★温泉卵の作り方　鍋に水と卵を入れて火にかけ、沸とう後3分したら、卵を冷水か氷水にとって10分ほどおく。

塩もみ野菜サラダの代表です。生のせん切りで食べるより、味がなじんで食べやすく、たっぷり食べられます。にんじん、セロリ、トマト、コーン、ハムなどを加えるとリッチな味になります。

食べやすい！

A
塩もみ
野菜

生でたくさん食べる方法

A 塩もみ野菜

はくさいとりんごのサラダ

191kcal | 15分

材料 2人分

[野菜とりんご 約300g分]
- はくさい……………150g
- 塩………………小さじ1/3
- りんご………1/2個(150g)
- クレソン………1/2束(20g)

[ほか]
- くるみ………………10g
- (あれば)ポアブルロゼ*……少々

[ヨーグルトソース]
- プレーンヨーグルト**……大さじ3
- マヨネーズ…………大さじ3

*ピンクペッパーとも呼ばれるが、こしょうの木の実ではないので、辛くなく、ほのかな苦味と甘味がある。よく彩り用に使う。

**ケフィア(コーカサス地方のヨーグルト)でも。

作り方

1. はくさいは葉と軸に分け、軸はせん切りにし、葉はちぎる。ボールに入れ、塩をふって混ぜ、5分ほどおく。クレソンは3～4cm長さに切る。

2. くるみは軽くいり、大きなものは2～4つに切る。

3. りんごは皮つきのままいちょう切りにする。別のボールにソースを合わせ、りんごをあえる。

4. はくさいの水気をしぼって盛りつける。3をソースごとのせ、くるみ、クレソン、ポアブルロゼをのせる。

特に秋冬

キャベツ同様はくさいも、塩もみすると口あたりもよく、ぐんと食べやすくなります。はくさいは、旬が一緒のりんごとの相性がとてもよい。

A
塩もみ
野菜

ポリポリ
野菜サラダ

78kcal　**5**分　（塩もみの時間は除く）

材料 2人分

[野菜　約400g分]
だいこん ……………… 150g
セロリ ………………… 1本(100g)
きゅうり ……………… 1本(100g)
にんじん ……………… 1/4本(50g)
塩 ……………………… 小さじ1

[ドレッシング]
酢 ……………………… 大さじ1・1/2
オリーブ油 …………… 大さじ1
こしょう ……………… 少々

野菜を大きく切って、ポリポリと歯ごたえよく。「野菜を食べた！」という気分になります。軽く塩でもんでおくと、水っぽさがとれ、ドレッシングの味もなじみやすくなります。

作り方

❶ だいこんは皮をむき、セロリは筋をとり、きゅうりとともに、約4cm長さの乱切りにする。にんじんは皮をむき（皮はつけると黒くなるため）、やや小さめの乱切りにする。

❷ ボールに野菜を合わせ、塩をふってよく混ぜ、20分ほどおく。

❸ 別のボールにドレッシングの材料を合わせ、野菜の水気をよくきって、あえる。

野菜を実感～

生でたくさん食べる方法

B 漬け野菜

だいこんの紫漬け

49kcal　**20**分　（漬けおき時間は除く）

材料 2人分

[野菜　約250g分]
だいこん	200g
にんじん	1/4本(50g)
塩	小さじ1/2

[つけ汁]
こんぶ	4～5cm角
赤とうがらし(種は除く)	1本
酢・しょうゆ	各大さじ2
みりん	大さじ1

作り方

❶ だいこんとにんじんは皮をむき、4cm長さ、1cm角の棒状に切る。ボールに入れ、塩をふって混ぜ、10分ほどおく。

❷ こんぶは5mm幅にはさみで切る。❶の水気をしぼって厚手のポリ袋に入れ、つけ汁の材料を加える。空気を抜いて口をしばり、冷蔵庫におく。1時間ほどで食べられ、約3日もつ。

紫とはしょうゆのこと。だいこんを塩でもんで、一度水気を軽く出しておくと、つけ汁の味がよくしみます。ごはんに合う、無添加自家製の即席漬けです。

B 漬け野菜

野菜のサラダ漬け

39kcal ｜ 5分 （漬けおき時間は除く）

材料 2人分

[野菜　約300g分]
キャベツ……………150g
きゅうり……………1/2本(50g)
かぶ…………………1個(100g)
にんじん……………20g

しょうが……………1かけ(10g)
塩……………………小さじ1
[ほか]
こんぶ………………8cm(縦4つに切る)

作り方

❶ キャベツはひと口大のざく切り、きゅうりは小口切り、かぶは半分に切って薄切り、にんじんは薄いいちょう切りにする。しょうがはせん切りにする。

❷ ❶の野菜を厚手のポリ袋に入れて塩を加え、袋の上からもみ混ぜる。こんぶを加えて混ぜ、空気を抜いて口をしばり、冷蔵する。半日ほどで食べられ、3日ほどもつ。こんぶは食べやすく切って一緒に盛りつけても。

キャベツを大きめに切って、ムシャムシャとサラダ感覚で食べられるから"サラダ漬け"にしました。野菜全部をポリ袋に合わせて塩でもみ、そのまま冷蔵します。塩分控えめ。

サラダ感覚

生でたくさん食べる方法

B 漬け野菜

野菜のすし酢ピクルス

全量で107kcal | 10分 (漬けおき時間は除く)

材料 作りやすい分量

[野菜　約300g分]
きゅうり……………1本(100g)
だいこん……………100g
にんじん……………1/4本(50g)
セロリ………………1/2本(50g)

[ピクルス液]
すし酢
　……………カップ1/2(100ml)
水
　……………カップ1(200ml)
ローリエ………1枚
赤とうがらし(種は除く)
　………………1本
粒こしょう(丸ごと)
　………………10粒

作り方

❶ 鍋にピクルス液の材料を合わせて、ひと煮立ちさせ、さましておく。

❷ きゅうりは1.5cm幅に切り、ほかの野菜は皮や筋をとって、同じくらいの大きさに切りそろえる。

❸ たっぷりの湯をわかし、野菜を1分ほどゆでて、水気をきり、さます。

❹ 密閉容器や保存びんに、野菜とピクルス液を入れる。野菜の頭がピクルス液にかくれる状態にして、冷蔵保存する。1日ほどで食べられ、約2週間もつ。

手間省略

歯ごたえのよい野菜がおすすめです。野菜の水気どめに、さっと熱湯に通してからつけます。すし酢は砂糖、塩入りなので調合のひと手間を省けます。ローリエ以下の香味で味がしまります。

B 漬け野菜

プチピクルス

30〜60kcal 各10分 （漬けおき時間は除く）

[材料]
電子レンジ対応密閉容器1個分・140ml
[野菜]
野菜(a〜e)……………80〜100g
[ピクルス液]
すし酢・水
　………同量(各大さじ2〜3)
A ┌ ローリエ………小1枚
　│ 赤とうがらしの小口切り
　│ ………ひとつまみ
　│ 粒こしょう(丸ごと)
　└ ………4〜5粒

a きゅうり セロリ パプリカ
　（スティック状に切る）
b ミニトマト（へたをとる）
c 紫たまねぎ（くし形に切る）
d れんこん（皮をむいて薄切り。穴にそって縁を形つくれば'花れんこん'）
e みょうが・しょうが（しょうがは薄切り、みょうがは2〜4つ割り）

[作り方]
❶ 野菜は器の高さの八分目までに入るように形をそろえる。

❷ 容器に野菜を入れる。Aの香味材料を加える（和風に使えるよう、dは赤とうがらしだけ加える。eにAは不要）。すし酢と水を同じ分量ずつ、野菜の頭がかくれるまで加える。

❸ 容器ごと、ラップなしで電子レンジで加熱し、ひと煮立ちさせる（約2分・水面がフツフツする程度）。さましてからふたをして冷蔵。翌日から食べられ、約2週間もつ。

電子レンジ対応の密閉容器を利用。レンジでひと煮立てすれば、野菜の水分が出て調味液がしみこみます。料理のつけ合わせやソースの具、お弁当にと使えて便利です。

生でたくさん食べる方法

おかずサラダ

香味野菜の
ステーキサラダ

529kcal　15分

■材料　2人分

ステーキ用牛肉……………2枚（200g）
塩・こしょう………………各少々
サラダ油……………………大さじ1/2

［野菜　約300g分］
フリルレタス………………1/2個（80g）
たまねぎ……………………1/4個（50g）
みょうが……………………2個（40g）

A ┌ たまねぎ…………………3/4個（150g）
　│ 酢・しょうゆ……………各大さじ2
　│ 砂糖………………………小さじ1
　└ サラダ油…………………大さじ1

■作り方

❶ みょうがとたまねぎ1/4個は薄切りにする。レタスは手でちぎる。水に放してパリッとさせる。

❷ たまねぎ3/4個をすりおろし、Aのたまねぎドレッシングの材料を合わせる。

❸ 肉に塩、こしょうをふる。フライパンに油を熱し、肉を好みの加減に焼く。食べやすく切る。

❹ 野菜の水気をきって盛りつけ、肉をのせ、ドレッシングをかける。

クセのある野菜を

肉とさっぱりとした野菜を一緒に食べて大満足。サラダに使う野菜ならなんでもよいのですが、たまねぎやルッコラ、クレソンなど、辛味や苦味があるものが、おいしくておすすめです。

おかずサラダ

から揚げサラダ

259kcal | 10分 （から揚げの調理時間は除く）

材料 2人分

とりのから揚げ*……5〜6個（150g）

[野菜 約250g分]
- サニーレタス……………50g
- きゅうり……………1本（100g）
- たまねぎ……………1/4個（50g）
- ミニトマト……………6個（80g）
- レモンの輪切り……3〜4枚

[ドレッシング]
- スイートチリソース**……大さじ2
- ぽん酢しょうゆ……大さじ1

**とうがらし、にんにくなどが入った甘酸っぱい東南アジアの調味ソース。

作り方

❶ レタスはちぎり、きゅうりは縦半分を斜め薄切りに、たまねぎは薄切りにし、全部を水に放してパリッとさせる。ミニトマトは十文字の切り目を入れる。

❷ 野菜の水気をきって盛りつけ、から揚げとレモンを盛りつける。ドレッシングを合わせて添える。

*とりのから揚げの作り方

❶ とりもも肉250gを約4cm角に切り、下味[にんにくのすりおろし小さじ1・塩小さじ1/3・酒小さじ1・こしょう少々]をもみこみ10分ほどおく。

❷ 肉に小麦粉大さじ2をまぶす。

❸ 高温（180℃）の油で3〜4分揚げる。

から揚げをサラダにのせただけですが、1＋1＝2以上の効果あり。白身魚やいかのから揚げもおいしい！ 甘辛いソースが食欲を誘います。一度さめたから揚げは、温め直してから盛りましょう。

1＋1＝∞

生でたくさん食べる方法

おかずサラダ

冷しゃぶサラダの
ジュレソース

280kcal | **20**分 （冷やし固める時間は除く）

材料 2人分

豚しゃぶしゃぶ肉……150g

[野菜　約200g分]
だいこん……………150g
にんじん……………30g
スプラウト…………1/2パック(20g)

[ジュレソース]
A ｜ ゼラチン……………小さじ2
　 ｜ 水…………………50ml
B ｜ 水…………………150ml
　 ｜ スープの素…………小さじ1
　 ｜ ぽん酢しょうゆ……小さじ1

[チップス]
ぎょうざの皮………4枚
サラダ油……………大さじ1

作り方

❶Aの水にゼラチンをふり入れ、15分以上おいてふやかす。小鍋にBを入れて火にかけ、沸とう寸前で火を止め、Aを入れて溶かす。ボールなどにあけ、熱がとれたら冷蔵庫で冷やし固める（約1時間）。

❷しゃぶしゃぶ肉は、熱湯に通し、水気をきる。ぎょうざの皮は半分に切って細切りにし、フライパンに油をひいて弱〜中火で薄茶色にいため、ペーパーにとる。

❸だいこんとにんじんはせん切りにし、水に放してパリッとさせる。水気をきり、肉と合わせて盛りつける。食べる直前に❶をフォークなどでほぐしてのせ、スプラウトとチップスを散らす。

食感を楽しむ

おなじみの冷しゃぶも、たまにはこんなソースにしてみては。あっさり味のゼリーはフルフル。パリッとしただいこんと、ぎょうざの皮のパリパリチップスをうまくなじませます。

おかずサラダ

みず菜と
チーズイン油揚げのサラダ

224kcal | **15分**

材料 2人分

油揚げ …………… 1枚(25g)
スライスチーズ
　　　　　　　　　 3枚
焼きのり ………… 1/4枚
けずりかつお …… 1パック(3g)

[野菜　約300g分]
みず菜 …………… 80g
かぶ ……………… 1/2個(50g)
だいこん ………… 200g

[ドレッシング]
酢・しょうゆ …… 各大さじ1
砂糖 ……………… 小さじ1/3
ごま油 …………… 大さじ1

作り方

❶みず菜は3〜4cm長さに切り、かぶは薄切りにする。それぞれを水に放してパリッとさせる。だいこんはすりおろす。

❷ドレッシングの材料を合わせる。

❸油揚げは長い一辺を切り、袋状に開く。スライスチーズをさし入れ、けずりかつおと、のりをちぎって入れる。フライパンで両面を、弱火でこんがりと焼く。

❹❸を1〜2cm幅に切り、❶の野菜と盛りつける。ドレッシングをかける。

香ばしい

焼いて香ばしい油揚げで、みず菜のサラダにコクがぐんと加わります。油揚げは袋にしてチーズなどおいしい味をプラス。だいこんおろしもたっぷり食べられます。

生でたくさん食べる方法

おかずサラダ

づけまぐろと
アボカドのサラダ

334kcal | **20**分

材料 2人分

まぐろ(切り落とし) ……… 150g
A ┌ しょうゆ ……… 大さじ1
　└ みりん・酒 ……… 各大さじ1/2

[野菜　約500g分]
レタス ……… 2〜3枚
みず菜 ……… 20g
しその葉 ……… 5枚
きゅうり ……… 1/2本(50g)
トマト ……… 1個(200g)
アボカド ……… 1個(200g)

[わさびマヨソース]
練りわさび ……… 小さじ1/2
マヨネーズ ……… 大さじ2
酢 ……… 小さじ2

作り方

❶ まぐろはAに10分ほどつけておく。

❷ 葉もの野菜は食べよい大きさにし、水に放してパリッとさせる。

❸ きゅうりは斜め薄切りに、トマトとアボカドはひと口大に切る(時間があく場合は、アボカドの変色どめにレモン汁をふる)。

❹ ソースの材料を合わせる。❶〜❸を盛り合わせてソースをかける。

"づけ"にすることでまぐろの生ぐさみがやわらいで、野菜とうま〜く調和します。わさび入りのソースで、野菜もたっぷり食べられて、だいこんのつまよりおかず向き。

盛りつけ

あぶりいかの トマトマリネ

246kcal | **25**分

材料 2人分

いか	1ぱい(250g)

[野菜　約450g分]

トマト	小2個(300g)
きゅうり	1本(100g)
サラダ用ビーンズ	1袋(50g)
ルッコラ	20g
レモン	1/6個

[ドレッシング]

にんにくのすりおろし	少々
酢	大さじ2
オリーブ油	大さじ2
塩	小さじ1/4
しょうゆ	小さじ1
こしょう	少々

作り方

❶ いかは内臓を除き、皮をむいて、網かグリルで焼く。胴は1cm幅に切り、足は2本ずつ、食べやすい長さに切る。

❷ トマトは熱湯につけて皮をむき、横半分に切って種をざっととり、3cm角に切る。きゅうりは縞目に皮をむき、1cm幅に切る。

❸ ドレッシングの材料を合わせ、❷とビーンズをよくあえてから、いかを加えて混ぜる。

❹ ルッコラを5cm長さに切って皿に敷き、❸を盛りつけ、レモンを添えてしぼる。

味がなじむ

生野菜をドレッシングであえると味がなじんで、口ざわりもやさしくなり、食べやすくなります。このサラダも、トマトやきゅうりを、できれば手で、ドレッシングとよくあえておきましょう。

生でたくさん食べる方法

おかずサラダ

シーザーサラダ

459kcal　15分

材料 2人分

フランスパン……………50g
ベーコン(厚切り)………50g
オリーブ油………………大さじ3
パルミジャーノチーズ*…少々

[野菜　約250g分]
ロメインレタス…………1/2株(150g)
クレソン…………………1/2束(25g)
ラディッシュ……………5個(100g)

[ドレッシング]
アンチョビ**……………1枚(5g)
にんにくのすりおろし…小さじ1/4
牛乳………………………大さじ1
マヨネーズ………………大さじ2

*かたまりがなければ粉チーズでも。
**アンチョビが残ったら、ラップに小分けして冷凍しておく。

作り方

❶ ロメインレタス、クレソンは食べやすい大きさに切る。ラディッシュはところどころ皮を丸くむき、水玉柄にする。

❷ パンは3cm角に切る。ベーコンは5mm角の棒状に切る。フライパンにオリーブ油を温め、パンをいためてとり出し、ベーコンもいためる。

❸ ドレッシングの材料を合わせ、アンチョビをつぶしながらよく混ぜる。

❹ ❶、❷を盛りつけ、ドレッシングをかける。チーズをけずって散らす。

フランスパンが活躍

いつものレタスでもかまいません。ポイントはオリーブ油で焼いたベーコンとパン。野菜とお互いの味をひき立て合っておいしくなります。生ハムやゆで卵をたしても。

おかずサラダ

野菜の肉みそのっけ

279kcal ｜ **20**分

材料 2人分

[野菜 約300g分]
- にんじん……………1/2本(100g)
- 塩……………………少々
- ねぎ(白い部分)……1本(90g)
- レタス………………1/3個(100g)

[肉みそ]
- 豚ひき肉……………150g
- ごま油………………大さじ1/2
- A
  - ねぎ(緑の部分)…10g
  - にんにく…………1片(10g)
  - 豆板醤(トーバンジャン)…小さじ1/2
- B
  - みそ………………大さじ1
  - 砂糖・酒…………各大さじ1
  - しょうゆ…………小さじ1
  - スープの素………小さじ1/4
- B
  - かたくり粉………小さじ1/2
  - 水…………………カップ1/3(70ml)

＊ねぎは緑の部分も一緒に丸々1本使える。

作り方

❶にんじんはせん切りにし、塩をふって混ぜ、しんなりしたら水気をしぼる。ねぎの白い部分は斜め薄切りにして水にさらし、水気をきる。レタスは細切りにする。

❷Aのねぎ、にんにくをみじん切りにする。Bは混ぜる。

❸フライパンにごま油とAを入れて軽くいため、ひき肉を加える。ほぐしながらよくいためてから、Bを加える。混ぜながら加熱し、とろみがついたら火を止める。

❹野菜を重ねて盛り合わせ、熱々の肉みそをかける。

甘辛の肉みそをたっぷり野菜にかけます。野菜は細く切りそろえておくと食べやすい。ごはんにのせて丼にもできます。

シンプル小皿

生で食べる

＊生のまま・塩もみなどで食べます。
＊1人分の分量です。1品70〜100gの野菜を使います。

キャベツの ごま油あえ
33kcal　3分

キャベツ……………………70g
しょうが(みじん切り)………少々(2〜3g)
塩……………………………少々
ごま油………………………小さじ1/2

キャベツをちぎり、ほかの材料をまぶす。

キャベツの マスタードドレッシング
51kcal　3分

キャベツ……………………70g
[ドレッシング]
粒マスタード………………小さじ1/4
酢・オリーブ油………………各小さじ1
塩……………………………少々

キャベツはせん切りにする。食べる直前にドレッシングであえる。

レタスのこしょうチーズ
60kcal　3分

レタス………………………1/4個(80g)
ミニトマト……………………1〜2個
オリーブ油…………………小さじ1
あらびきこしょう……………少々
粉チーズ……………………小さじ1

レタスはちぎる。ボールに入れ、オリーブ油と、こしょうをたっぷりめにかけてよく混ぜる。盛りつけ、トマトを薄い輪切りにして散らし、粉チーズをふる。

キャベツの浅漬け
16kcal　5分

キャベツ……………………70g
塩……………………………小さじ1/4
しょうが(せん切り)…………小1/2かけ(3g)
しその葉……………………2枚

キャベツを細切りにし、しょうがと一緒に塩でもむ。しその葉は細切りにする。キャベツがしんなりしたら、しそを混ぜて水気をしぼる。

キャベツの 塩こんぶあえ
21kcal　5分

キャベツ……………………70g
にんじん……………………10g
塩こんぶ
(またはこんぶの佃煮)………3〜5g

キャベツは1.5cm角に切り、にんじんはせん切りにする。塩こんぶであえる。

レタスのじゃこドレ
59kcal　5分

レタス………………………70g
[ドレッシング]
ちりめんじゃこ………………大さじ1
ぽん酢しょうゆ・
ごま油………………………各小さじ1

レタスは細切りにする。ドレッシングの材料を大きめの器に合わせ、ラップをして電子レンジで約20秒加熱する。レタスを加えてあえる。

ごまみそきゅうり

| 117kcal | 3分 |

きゅうり　　　　　　　　　　1本
[ごまみそ]
みそ・白すりごま　　　　　各大さじ1
みりん　　　　　　　　　　大さじ1・1/2
豆板醤(トーバンジャン)　　　　　　　　　　小さじ1/4

きゅうりは長さ半分の4つ割りにする。器にごまみその材料を合わせ、電子レンジで約1分加熱し、きゅうりに添える。

きゅうりの南蛮

| 47kcal | 12分 |

きゅうり　　　　　　　　　　1本
塩　　　　　　　　　　　　小さじ1/6
[たれ]
ぽん酢しょうゆ・
ごま油　　　　　　　　　　各小さじ1
赤とうがらし(小口切り)　　少々

きゅうりは6～7mm幅の斜め切りにする。塩をふって10分ほどおく。さっと洗い、水気をきってたれであえる。

きゅうりのヨーグルトあえ

| 40kcal | 5分 |

きゅうり　　　　　　　　　　70g
[ソース]
プレーンヨーグルト　　　　大さじ3
にんにく(みじん切り)　　　少々(1g)
塩・こしょう　　　　　　　各少々

きゅうりは小口切りにする。ソースの材料を合わせる。食べる直前にソースであえる。

きゅうりの梅おかか

| 25kcal | 12分 |

きゅうり　　　　　　　　　1本(100g)
塩　　　　　　　　　　　　小さじ1/6
[梅おかか]
梅干しの果肉(たたく)　　　大さじ1/2
けずりかつお　　　　　　　1g
みりん・しょうゆ　　　　　各小さじ1/4

きゅうりは乱切りにし、塩でもみ10分ほどおく。さっと洗って水気をきり、梅おかかであえる。

トマトのイタリアン

| 46kcal | 2分 |

トマト　　　　　　　　　　1/2個(100g)
オリーブ油　　　　　　　　小さじ1/2
塩・こしょう　　　　　　　各少々
粉チーズ　　　　　　　　　小さじ1
(あれば)バジル　　　　　　少々

トマトは薄く切り、盛りつける。オリーブ油をかけ、塩、こしょう、チーズをふる。バジルを添える。

トマトぽん酢

| 25kcal | 3分 |

トマト　　　　　　　　　　1/2個(100g)
たまねぎ　　　　　　　　　10g
しその葉　　　　　　　　　1枚
ぽん酢しょうゆ　　　　　　小さじ1

トマトはくし形に切って、さらに斜め半分に切る。たまねぎは薄切りに、しそはせん切りにする。混ぜて盛りつけ、ぽん酢しょうゆをかける。

シンプル小皿

生で食べる

みず菜のきつねあえ
79kcal　5分

| みず菜 | 70g |
| 油揚げ | 1/2枚(15g) |

[つゆ]
| めんつゆ(濃縮2～3倍原液) | 小さじ1・1/2～2 |
| 練りわさび | 小さじ1/2 |

みず菜は3cm長さに切る(熱湯をひとまわしかけて、かさを減らしてもよい)。油揚げはオーブントースターで焼いて細切りにする。つゆであえる。

みず菜のじゃこマヨ
74kcal　5分

みず菜	70g
ちりめんじゃこ	大さじ1
マヨネーズ	大さじ1/2

じゃこはフライパンでからいりする。みず菜を3cm長さに切って盛りつけ、じゃこをのせ、マヨネーズをかける。

長いものたたき
52kcal　5分

長いも	80g
ゆずこしょう（または練りわさび)	小さじ1/4
しその葉	1枚

長いもは皮をむき、ゆずこしょうをのせてラップで包み、めん棒などでたたいてあらくくだく。

長いものアンチョビあえ
96kcal　5分

長いも	70g
トマトの薄切り	3枚
オリーブ油	小さじ1
アンチョビ	1枚(5g)
こしょう	少々

長いもは細切りにし、トマトの上に盛りつける。フライパンにオリーブ油とアンチョビを入れ、ほぐしながら加熱し、熱くなったら長いもにかける。こしょうをふる。

オニオンスライス
46kcal　3分

たまねぎ	70g
うずら卵(または鶏卵の卵黄)	1個
ぽん酢しょうゆ	小さじ1
けずりかつお	少々

たまねぎは薄切りにして盛りつける(辛味をやわらげたい場合は水にさらす)。けずりかつおとうずら卵をのせ、ぽん酢しょうゆをかける。

たまねぎのピリピリ
41kcal　3分

| たまねぎ | 70g |
| スイートチリソース* | 大さじ1 |

たまねぎを薄切りにし、スイートチリソースであえる。

*とうがらし、にんにくなどが入った甘酸っぱい東南アジアの調味ソース。

セロリチーズ

100kcal　3分

セロリ	70g
クリームチーズ	20g
はちみつ	小さじ1
こしょう	少々

セロリは筋をとり、形のままのセロリのくぼみにクリームチーズをのせる。はちみつをかけ、こしょうをふる。

セロリのカレー風味マヨネーズ

112kcal　10分

セロリ	70g
塩	小さじ1/6
ハム	1/2枚

[ソース]

カレー粉	小さじ1/6
マヨネーズ	大さじ1
砂糖	少々

セロリは4〜5cm長さの細切りにし、塩でもんでしんなりしたら水気をきる。ハムは細切りにし、セロリと一緒にソースであえる。

だいこんのアチャラ

33kcal　13分

だいこん	100g
塩	小さじ1/4
すし酢	大さじ1
赤とうがらし（小口切り）	少々

だいこんは2〜3mm厚さのいちょう切りにし、塩でもんで10分ほどおき、水気をしぼる。すし酢と赤とうがらしを混ぜる。

だいこんと鮭缶のマヨネーズ

78kcal　5分

だいこん	70g
鮭の缶詰	30g
マヨネーズ	小さじ1/2
ぽん酢しょうゆ	小さじ1
（あれば）しその葉	1枚

だいこんは細切りにし、盛りつける。しその葉を添え、鮭缶をのせる。マヨネーズとぽん酢しょうゆをかける。

にんじんのしょうが酢漬け

44kcal　5分

にんじん	50g
セロリ	20g
しょうが	少々
A [すし酢	小さじ1
ごま油	小さじ1/2

にんじんは薄い半月切り、セロリは小口切り、しょうがはせん切りにする。Aで野菜をあえる。

にんじんのラペ

88kcal　13分

にんじん	70g
塩	小さじ1/8
レーズン	大さじ1

[ドレッシング]

酢・サラダ油	各小さじ1
塩・こしょう	各少々

にんじんはスライサーで細くおろすか、せん切りにする。塩をふって10分ほどおき、水気をきる。レーズンとともにドレッシングであえる。

シンプル小皿
生で食べる

ほうれんそうの ベーコンがけ
159kcal　5分

サラダほうれんそう	70g
ベーコン	1枚（20g）
にんにく	小1/2片（3g）
オリーブ油	小さじ2
しょうゆ	小さじ1/2

ほうれんそうは4cm長さに切って盛りつける。ベーコンは1cm角に、にんにくは薄切りにし、一緒に油で軽くいためる。しょうゆを加え、ほうれんそうにかける。こしょう少々（材料外）をふる。

パプリカのおひたし
28kcal　5分

パプリカ	1/2個（70g）
みず菜	10g
ぽん酢しょうゆ	小さじ1
けずりかつお	少々

パプリカは乱切り、みず菜は3cm長さに切る（熱湯をひとまわしかけて、かさを減らしてもよい）。ぽん酢しょうゆをかけ、けずりかつおをのせる。

かぶのパリパリサラダ
80kcal　8分

かぶ	70g
ミニトマト	2個

［ドレッシング］

酢	小さじ1
サラダ油	小さじ2
塩・こしょう	各少々

かぶは茎つきで皮をむき、薄切りにする。ミニトマトをあらく切り、ドレッシングであえる。かぶにかける。

ほうれんそうと アーモンドのサラダ
100kcal　8分

サラダほうれんそう	70g
にんじん	10g
塩	少々
スライスアーモンド	大さじ1

［ソース］

マヨネーズ	大さじ1/2
プレーンヨーグルト	小さじ1/2
塩・こしょう	各少々

ほうれんそうは4cm長さに切る。にんじんはせん切りにして塩をふる。アーモンドはからいりする。野菜を合わせて盛りつけ、アーモンドを散らし、ソースをかける。

パプリカのごまあえ
56kcal　5分

パプリカ	1/2個（70g）

［あえ衣］

砂糖	小さじ1/3
みりん・しょうゆ	各小さじ1/2
白すりごま	大さじ1

パプリカは薄切りにする。あえ衣であえる。

かぶのしょうがあえ
14kcal　8分

かぶ	70g
かぶの葉	少々
しょうが	小1かけ（5g）
塩	少々

かぶは薄めのくし形に、かぶの葉は細かく切る。しょうがはみじん切りにする。合わせて塩をふって少しもむ。

アボカドスライス

145kcal　5分

アボカド	1/2個（100g）
たまねぎ	10g
ミニトマト	1個
ぽん酢しょうゆ	小さじ1
練りわさび	少々

アボカドは薄く切って盛りつける。たまねぎ、トマトをあらくきざんでのせ、わさびを添え、ぽん酢をかける（時間があくときはアボカドにレモン汁をふる）。

アボカドハワイアン

207kcal　8分

アボカド	1/2個（100g）
レモン汁	小さじ1
魚肉ソーセージ	20g
レモンの薄切り	少々

［ソース］

マヨネーズ	大さじ1/2
牛乳	小さじ1/2

アボカドの実をティースプーンでくり抜き、レモン汁をかける。ソーセージは4mm厚さに切る。アボカドの皮に盛りつけ、レモンを添えてソースをかける。

なすの とろろこんぶあえ

21kcal　10分

なす	1個（70g）
きゅうり	1/4本
塩	小さじ1/4
とろろこんぶ	3g

なすは薄い輪切り、きゅうりは小口切りにする。一緒に塩でもみ、しんなりしたら水気をしぼる。とろろこんぶであえる。

なすの からしみそあえ

45kcal　10分

なす	大1個（90g）
塩	小さじ1/4

［からしみそ］

練りがらし	小さじ1/4
みそ・みりん	各小さじ1

なすは縦半分に切って斜め薄切りにし、塩でもみ、しんなりしたら水気をしぼる。からしみそであえる。

オクラ納豆

109kcal　3分

オクラ	5本（35g）
塩	少々
万能ねぎ	1本
納豆	小1パック（30g）
卵	1/2個

オクラは塩でもんで洗い、万能ねぎとともに小口切りにする。納豆（あればからし・たれも）とオクラを合わせて箸でよく混ぜ、生卵も加えてふわふわになるまでかき混ぜる。万能ねぎをのせる。

オクラの "山形のだし"

20kcal　5分

オクラ	4本（30g）
塩	少々
きゅうり	1/3本（30g）
みょうが	1/2個（10g）
しょうが	小1/2かけ（3g）
めんつゆ（濃縮2～3倍原液）	小さじ1/2～1

オクラは塩でもんで洗い、小口切りにする。ほかの野菜はみじん切りにし、全部をよく混ぜ、めんつゆを加える。ごはんや豆腐にのせて食べるとおいしい（オクラのほかの野菜は、なす、しそ、万能ねぎなどでも）。

まとめ焼きで
ご馳走

大きめの耐熱皿などに、野菜をまとめてのせてオーブン焼きする方法。20分程度で焼けるので、毎日のおかず作りにも活用しない手はありません。調理はたったの3ステップです。

*青菜やさやえんどう、もやしなど、薄くてこげやすい野菜は、向きません。

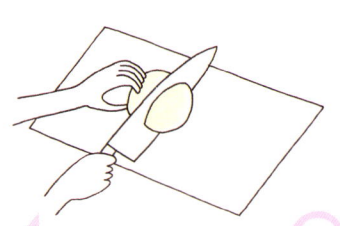

1 野菜を切る。
*いもや根菜などのかたい野菜は薄く切って、火の通りをよくする。

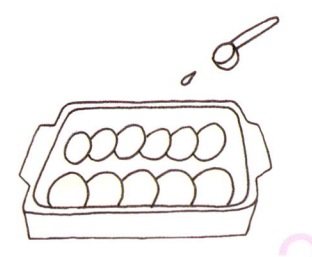

2 大きめの耐熱皿かオーブン皿に、広げて入れる。油をふる。

3 オーブンで焼く。
*料理によって、たれやソースで食べたり、つゆをかけたりする。

おなじみ野菜のオーブン焼き

527kcal　25分　（2人分としてのエネルギー）

材料　2～3人分

[野菜　約400g分]
じゃがいも	1個（150g）
たまねぎ	1/2個（100g）
にんじん	50g
キャベツ（かたまり）	120g

[ソーセージほか]
ソーセージ	4本
塩	少々
オリーブ油	大さじ1・1/2

[ソース]
マヨネーズ	大さじ1・1/2
生クリーム	大さじ1・1/2
レモン汁	大さじ1/2
こしょう	少々

作り方

❶ じゃがいも、たまねぎ、にんじんは3～4mm厚さの薄切りにし、キャベツはかたまりのまま2つに切る。ソーセージに切り目を入れる。

❷ ❶を耐熱皿やオーブン皿になるべく広げて並べる。塩とオリーブ油をふりかける。

❸ 220℃のオーブンで約20分焼く。途中、キャベツがこげそうならアルミホイルをのせる。ソースの材料を合わせて添える。

発見！

キッチンにある野菜ベスト・4の"じゃが・たま・にん・キャベ"を、まとめて焼くだけです。20分くらいで焼きたいので、かたい野菜は薄めに切るのがコツ。逆に、葉ものは大きく切ります。いもやにんじんは少しシャキシャキ感が残っていてそれがまたおいしい発見！

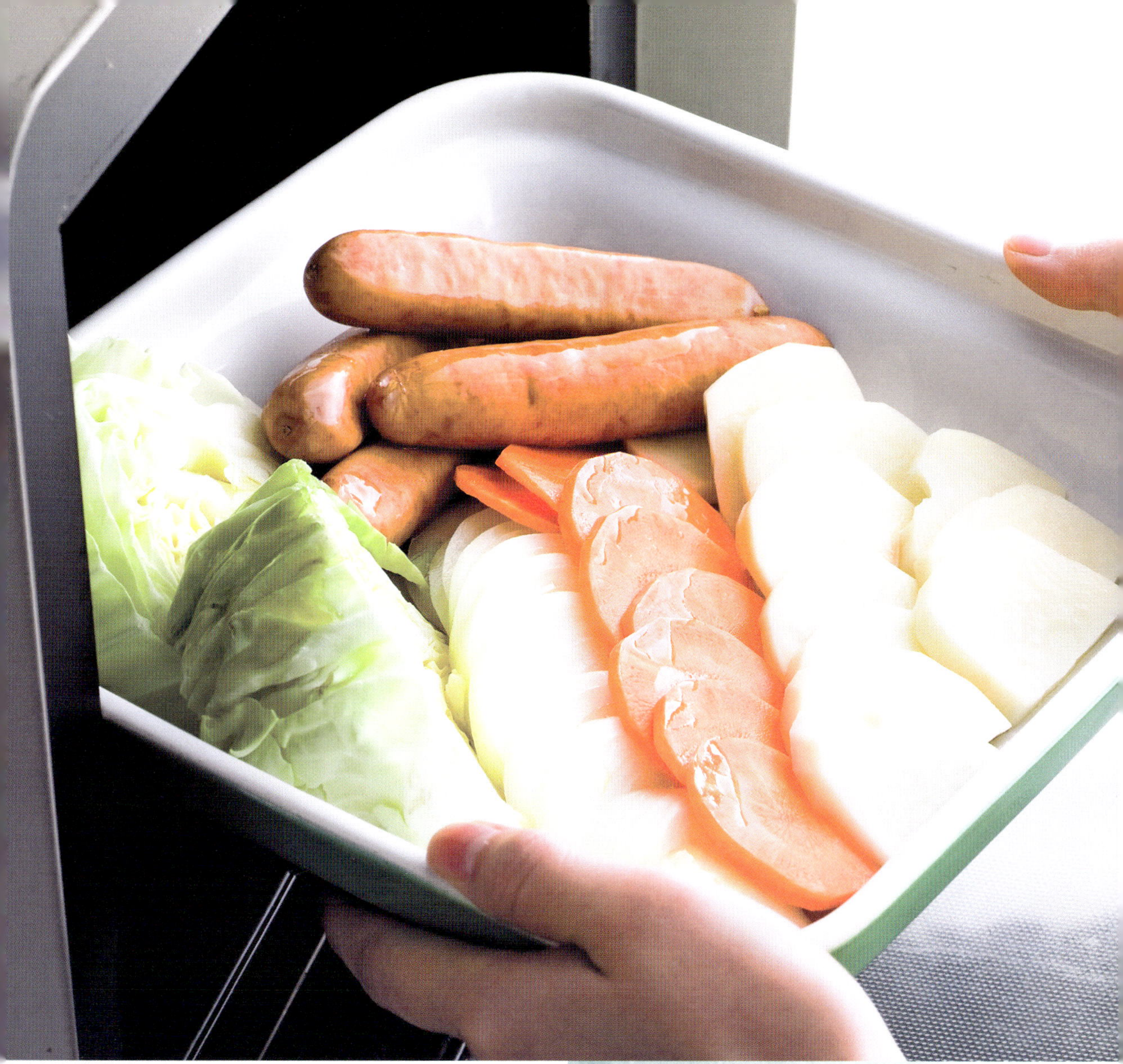
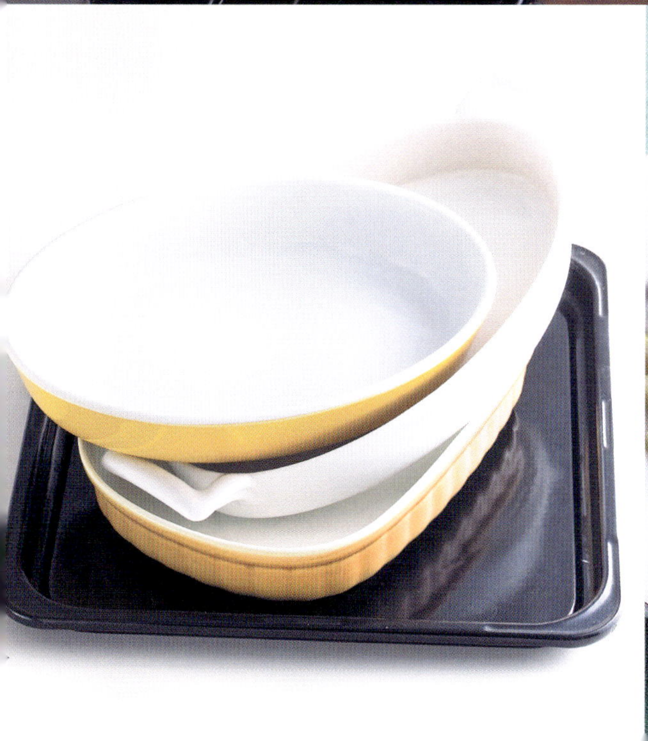
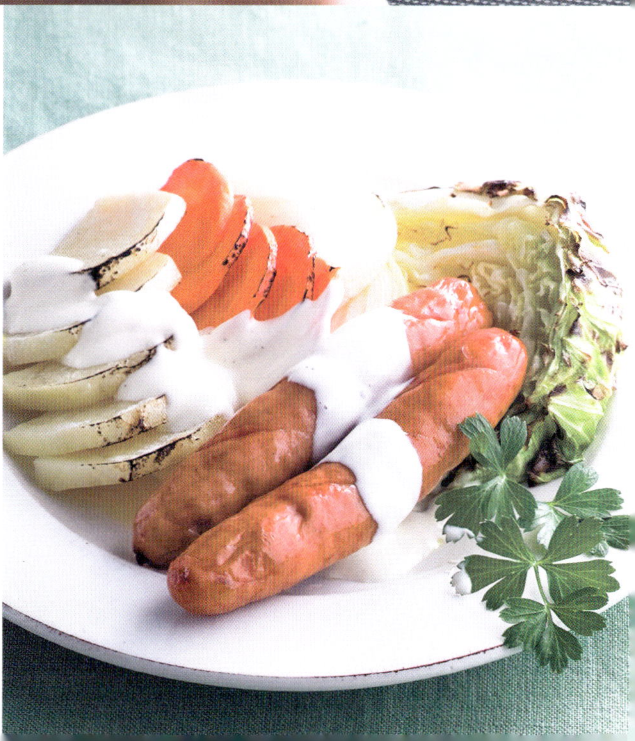

まとめ焼きでご馳走

夏野菜のオリーブ風味焼き

396kcal | 25分 （2人分としてのエネルギー）

材料 2～3人分

[野菜 約550g分]
トマト	1個(150g)
ゆでとうもろこし	大1/2本(150g)
ズッキーニ	2/3本(100g)
たまねぎ	1/2個(100g)
黄パプリカ	1/2個(80g)

[肉ほか]
とりもも肉	200g
オリーブ油	大さじ1・1/2
ハーブソルト*	小さじ1/4
（あれば）レモン	1/2個

*ハーブソルトは、塩と乾燥ハーブ（ローズマリー、タイム・オレガノなど）が混ざっているもの。手持ちのハーブ（生・乾燥）と塩でもいいですし、ハーブがなければ、あらびきこしょうを多めにふってもおいしい。

作り方

❶ トマトは横半分に切り、とうもろこしは3～4cm長さに切る。ほかの野菜はひと口大に切る。
肉は皮側をフォークでつつき、6つに切って、塩、こしょう各少々（材料外）をふる。

❷ 大きめの耐熱皿やオーブン皿に、野菜と肉を広げて並べる。オリーブ油とハーブソルトをふりかける。

❸ 220℃のオーブンで約20分焼く。そのままでも、レモン汁をしぼって食べても。

甘みが凝縮

オーブンで野菜を焼くと甘味が凝縮しておいしくなります。春なら新キャベツやたけのこやそら豆（さやごと）、秋はきのこやさつまいも、冬ははくさいやねぎも美味です。

和野菜の焼きびたし

271kcal | **25**分 （2人分としてのエネルギー・つけおき時間は除く）

材料 2〜3人分

[野菜　約500g分]
- なす：2個（140g）
- かぶ：1個（100g）
- かぼちゃ：80g
- しいたけ：4個（60g）
- れんこん：小1/2節（80g）
- ごぼう：1/4本（50g）

[えびほか]
- えび*：4尾
- ごま油：大さじ2

[つけだれ]
- めんつゆ（つけつゆ濃度）：カップ1/2
- しょうが汁：小さじ1

*有頭でも無頭でも。ブラックタイガーなど殻が黒っぽいえびのほうが焼き色が赤くなる。

作り方

❶ なすとかぶは縦4つ割りにし、かぼちゃは4つに切り、しいたけは軸をとる。れんこんは5mm厚さの輪切り、ごぼうは斜め薄切りにし、それぞれ水にさらして、水気をきる。えびは背わたをとる。

❷ 大きめの耐熱皿やオーブン皿に、野菜とえびを広げて並べる。ごま油を回しかける。

❸ 220℃のオーブンで約15分焼く。途中7〜8分でえびが焼けるので、とり出す。焼きあがったら、えびをもどし、しょうが汁を加えためんつゆをかけて、30分ほどおく。

耐熱皿で焼けば、焼きあがりにめんつゆをかければOK。作りおきもきくので、おもてなしなどにも重宝します。薄い葉の野菜以外なら、ほとんどの野菜で作れます。えびはなくてもかまいません。

めんつゆ活用

まとめ焼きでご馳走

ポムポムチーズ焼き

421kcal | **25分** （2人分としてのエネルギー）

材料 2～3人分

[野菜とりんご　約600g分]
- じゃがいも……1個(200g)
- りんご……1/2個(150g)
- たまねぎ（白または紫）……1/2個(100g)
- ミニトマト……8個(100g)
- ブロッコリー……1/4株(50g)

[チーズほか]
- カマンベールチーズ……1個(100g)
- ベーコン（厚切り）……30g
- サラダ油……大さじ1

作り方

❶ じゃがいもは5mm厚さのいちょう切りにする。皮つきりんご、たまねぎは2～3cm角に切り、ミニトマトはへたをとる。ブロッコリーは小房に分ける。ベーコンは7～8mm厚さに切る。

❷ 大きめの耐熱皿や、オーブン皿（アルミホイルを敷く）に、ブロッコリー以外の野菜とベーコンを広げて入れる。油を回しかける。

❸ 220℃のオーブンで約10分焼く。チーズに十文字の切りこみを入れて、野菜の中央に置き、ブロッコリーも加えて、さらに5分ほど焼く。チーズがとろけてきたらできあがり。

甘酸っぱい

ポム（りんご）とポムドテール（じゃがいも）などを焼いたところにチーズを丸ごと投入。とろ～りと溶けたチーズをつけて食べます。ワインによく合いますよ。

オーブンで焼く前に少し手数はかかりますが、特別にご紹介。サレとは塩のことで、砂糖を使わず、野菜の具がたっぷり入った"塩ケーキ"です。パンの代わりに、おしゃれな朝食やランチにどうぞ。

special

ケーク・サレ

全量で1284kcal　70分

[材料]
18×8×6cmのパウンド型1個分

[野菜　約250g分]
- たまねぎ……………1/2個(100g)
- 赤パプリカ…………1/2個(70g)
- ほうれんそう………1/2束(100g)

[ほか]
- ベーコン……………30g
- サラダ油……………大さじ1/2
- 塩・こしょう………各少々

[生地]
- 卵……………………2個
- A ┌ 小麦粉(薄力粉)………100g
　　└ ベーキングパウダー…小さじ1
- B ┌ 牛乳……………………70ml
　　├ サラダ油………………大さじ3
　　└ パルミジャーノチーズ(粉)
　　　　　　　　　　　　　20g

*クッキングシートを形づくって、型の内側に敷いておく。

作り方

❶ たまねぎ、パプリカは薄切りにし、パプリカは長さを半分にする。ほうれんそうは3〜4cm長さに切る。ベーコンは7〜8mm幅に切る。

❷ フライパンに油を熱し、ベーコンと野菜をしんなりするまでいため(a)、塩、こしょうをふる。さます。

❸ ボールに卵を割りほぐし、Bを加えて泡立器で混ぜる。Aをふるいながら加え(b)、粉気がないように混ぜる。❷を加えて混ぜ、型に流し入れる(c)。

❹ 180℃のオーブンで40〜45分焼く(中央に竹串を刺してみて生の生地がついてこなければ焼きあがり)。網の上にとり出し、乾燥しないように乾いたふきんをかけてさます。

シンプル小皿
焼くだけ

＊オーブントースターやグリルで焼くだけのおかずです。
＊1人分の分量です。1品70〜100gの野菜を使います。

焼きしいたけ
14kcal　6分

- しいたけ　　　大3〜4個(80g)
- 塩(または岩塩)　　少々
- すだち　　　　1/2個

しいたけは、ひだを上にしてアルミホイルにのせる。オーブントースターで3分ほど焼き、表面がしめってきたら、塩をふって2分ほど焼く。

ねぎの炭焼き
71kcal　20分

- ねぎ　　　　　1本(100g)
- [甘みそ]
- みそ　　　　　大さじ1
- 砂糖　　　　　小さじ1
- みりん　　　　小さじ1

ねぎは葉先を落とし(飾り用)、白い部分を2つに切って強火のグリルで上下左右(5+5+4+3分くらい)を真っ黒に焼く。切って甘みそと盛りつける。外側の皮をむいて食べる。

なすの塩焼き
59kcal　15分

- なす　　　　　大1個(90g)
- ごま油　　　　小さじ1
- 塩　　　　　　少々
- 万能ねぎ(小口切り)　2本
- 焼きのり　　　1/4枚

なすは縦半分に切り、それぞれ両面に斜めの切り目を入れる。アルミホイルにのせ、ごま油と塩をふる。オーブントースターで約10分焼き、両面に焼き色をつける。ねぎともみのりをのせる。

きのこのトースター焼き
31kcal　10分

- しめじ　　　　70g
- トマトの薄切り　4〜5枚
- 塩・こしょう　各少々
- 粉チーズ　　　大さじ1/2

アルミホイルにトマトを敷き(ケースなら並べても)、しめじをほぐしてのせる。塩、こしょう、粉チーズをふる。オーブントースターで約7分焼く。好みのドレッシングやしょうゆをかけても。

ねぎのごま油風味焼き
95kcal　8分

- ねぎ　　　　　小1本(70g)
- 油揚げ　　　　1/2枚(15g)
- ごま油　　　　小さじ1/2
- 塩・七味とうがらし　各少々

ねぎは縦半分、約4cm長さに切り、油揚げも同じ大きさに切る。合わせてアルミホイルにのせ、塩とごま油をふってざっと混ぜて広げる。オーブントースターで約5分、時々上下を返して焼く。七味をふる。

なすの焼きサラダ
63kcal　10分

- なす　　　　　大1個(90g)
- ミニトマト(あらみじん切り)　3個(60g)
- フレンチドレッシング　大さじ1/2
- (あれば)バジル　少々

なすは3枚ほどの薄切りにし、オーブントースターで両面を焼く。ドレッシングでトマトをあえて、なすにのせる。

パプリカの焼きマリネ

43kcal　15分

パプリカ	2/3個(100g)
A [酢・オリーブ油	各小さじ1/2
塩・こしょう	各少々]
ベビーリーフ・みず菜など	少々

パプリカは縦半分に切り、強火のグリルで皮側を真っ黒くこげるまで焼く。こげた皮をむいて縦長に半分に切り、Aであえて10分おく。緑の葉野菜を添える。

薄焼きいも

95kcal　10分

さつまいも	70g
塩	少々
黒いりごま	少々

さつまいもは5mm厚さの輪切りにし、水にさらして水気をきる。フライパンで、裏返しながら中火で5分焼く（グリルなら、アルミホイルをかぶせて約6分蒸し焼きにし、はずして両面を2分ずつ焼く）。塩とごまをふる。

長いもの磯辺焼き

52kcal　10分

長いも	70g
しょうゆ	小さじ1
焼きのり（細切り）	1/4枚

長いもは皮つきのまま7〜8mm厚さの輪切りや半月切りにし、しょうゆをまぶす。アルミホイルにのせ、オーブントースターで7〜8分、両面を焼く。のりをのせる。

パプリカのチーズ焼き

86kcal　8分

パプリカ	1/2個(70g)
たまねぎ	20g
塩・こしょう	各少々
スライスチーズ	1枚
パセリ	少々

パプリカはへたと種をとってカップ状にする。たまねぎを薄切りにして入れ、塩、こしょうをふり、チーズをちぎってのせる。オーブントースターで約5分焼く。パセリをのせる。

焼きれんこん

43kcal　10分

れんこん	70g
塩・七味とうがらし	各少々

れんこんは1cm厚さに切り、オーブントースターで8分ほど焼く。塩と七味をふる。

長いものねぎみそ焼き

68kcal　15分

長いも	70g
[ねぎみそ]	
ねぎ（小口切り）	1/4本
みそ	大さじ1/2
みりん	小さじ1/2

ねぎみその材料を混ぜる。長いもは7〜8mm厚さに切る（皮つきでも）。オーブントースターで片面を5分ほど焼いて裏返し、ねぎみそをのせてさらに5分焼く。

汁もので
野菜を食べる

てっとり早く野菜をとるには、みそ汁やスープに入れるのがいちばん。
汁のベースの味をいくつか覚えておくと、
野菜をいろいろ変えて楽しめます

酸辣湯（サンラータン）

95kcal　15分　材料 2人分

[野菜　約350g分]
- トマト……………………1個(200g)
- しめじ……………………1/2パック(50g)
- チンゲンサイ……………1株(100g)

[ベースの味]
- とりささみ………………2本(100g)
- A
  - 塩………………………少々
  - 酒・かたくり粉………各小さじ1
- B
  - 水………………………カップ2
  - 中華スープの素………小さじ1/2
- C
  - しょうゆ………………小さじ2
  - 酢………………………大さじ1
  - 塩・こしょう…………各少々
- ラー油……………………少々

作り方

❶ ささみは3cm長さくらいの細切りにし、Aをもみこむ。トマトはくし形に切り、しめじは小房に分ける。チンゲンサイは3～4cm長さに切り、根元のほうは6～8つ割りにする。

❷ 鍋にBを入れて火にかけ、沸とうしたらささみを加える。ささみが白っぽくなったらアクをとり、野菜を加える。Cで味をととのえる。器によそってラー油をたらす。

> 酢とラー油が特徴。さらにトマトの自然の酸味で食欲がわきます。トマトのリコピン、きのこのビタミンDや食物繊維と、野菜には体にいい成分がたっぷり。

豆乳豚汁

281kcal 20分 材料 2人分

[野菜　約250g分]
- じゃがいも　2/3個(100g)
- にんじん　30g
- ごぼう　30g
- かぶ　1個(100g)
- ねぎ　10cm
- みず菜　10g

[ベースの味]
- 豚ばら薄切り肉　80g
- 水　200ml
- 豆乳　200ml
- みそ　大さじ1

作り方

1. じゃがいも、にんじんは4〜5mm厚さのいちょう切りに、ごぼうは斜め薄切りにする。かぶは茎を少し残して4つ割りにする。
2. ねぎは1cm長さに、みず菜と豚肉は3cm長さに切る。
3. 鍋に分量の水と、①の野菜を入れて中火にかける。沸とうしたら、豚肉を加え、アクをとってふたをし、弱火で10分煮る。
4. 豆乳とねぎを加え、煮立ったら、みそをとき入れる。器によそい、みず菜をのせ、七味とうがらし(材料外)をふる。

いもや根菜、ねぎなど体を温める野菜がたっぷり入って、体の芯からほかほか。いつもの豚汁が、豆乳でマイルドな味になり、イソフラボンもプラス。

アホはにんにくの意味のスペイン語。パン入りでボリュームのあるスープです。にんにくやブロッコリーは抗酸化作用が高い野菜。

アホスープ

281kcal　20分　材料 2人分

[野菜　約150g分]
たまねぎ	1/4個(60g)
ブロッコリー	1/4株(50g)
グリーンアスパラガス	2本(40g)

[ベースの味]
にんにく	2片(20g)
ベーコン(厚切り)	40g
オリーブ油	大さじ2
フランスパン	30g
A　水	400ml
スープの素	小さじ1
こしょう	少々

作り方

❶ たまねぎとブロッコリーはあらくきざみ、アスパラガスは小口切りにする。にんにくは薄切りにし、芽の部分を除く。ベーコンは5mm幅に切る。フランスパンはひと口大に切る。

❷ 鍋にオリーブ油とにんにくを入れて弱火でいため、薄く色づいたら、たまねぎ、フランスパンを順に加えていためる。次にベーコン、ブロッコリー、アスパラガスを加えて軽くいためる。

❸ Aを加え、沸とうしたら弱火にして3〜4分煮る。最後にこしょうをふる。

あさりのチャウダー

237kcal　20分　材料　2人分（あさりの砂抜き時間は除く）

[野菜　約250g分]
じゃがいも　　　　2/3個(100g)
たまねぎ　　　　　1/3個(70g)
かぼちゃ　　　　　60g
にんじん　　　　　30g

[ベースの味]
あさり(殻つき・砂抜きずみ)
　　　　　　　　　150g
A［バター　　　　　15g
　 小麦粉　　　　　大さじ1・1/2

B［水　　　　　　　300ml
　 スープの素　　　小さじ1
牛乳　　　　　　　200ml
塩・こしょう　　　各少々

[トッピング]
パセリまたはクレソン・クラッカー
　　　　　　　　　各少々

作り方

① あさりは塩水（水カップ1＋塩小さじ1）に30分ほどつけて砂を吐かせ、殻をこすり合わせてよく洗う。

② 野菜はすべて1cm角に切る。

③ 鍋にバターを溶かし、野菜を中火で軽くいため、小麦粉を加えて弱火で1分ほどこげないようにいためる。Bを加えてよく混ぜ溶かし、中火にする。沸とうしたら弱火にして約10分煮る。

④ 最後に、牛乳、あさりを加え、あさりの口が開いたら塩、こしょうで調味する。トッピングを散らす。

> 貝はタウリンや鉄分が豊富です。カラフルな野菜には、ビタミン類や健康に役立つ色素成分もいろいろ含まれます。

毎日の
習慣にしよう！
野菜を食べる
メニュープレート

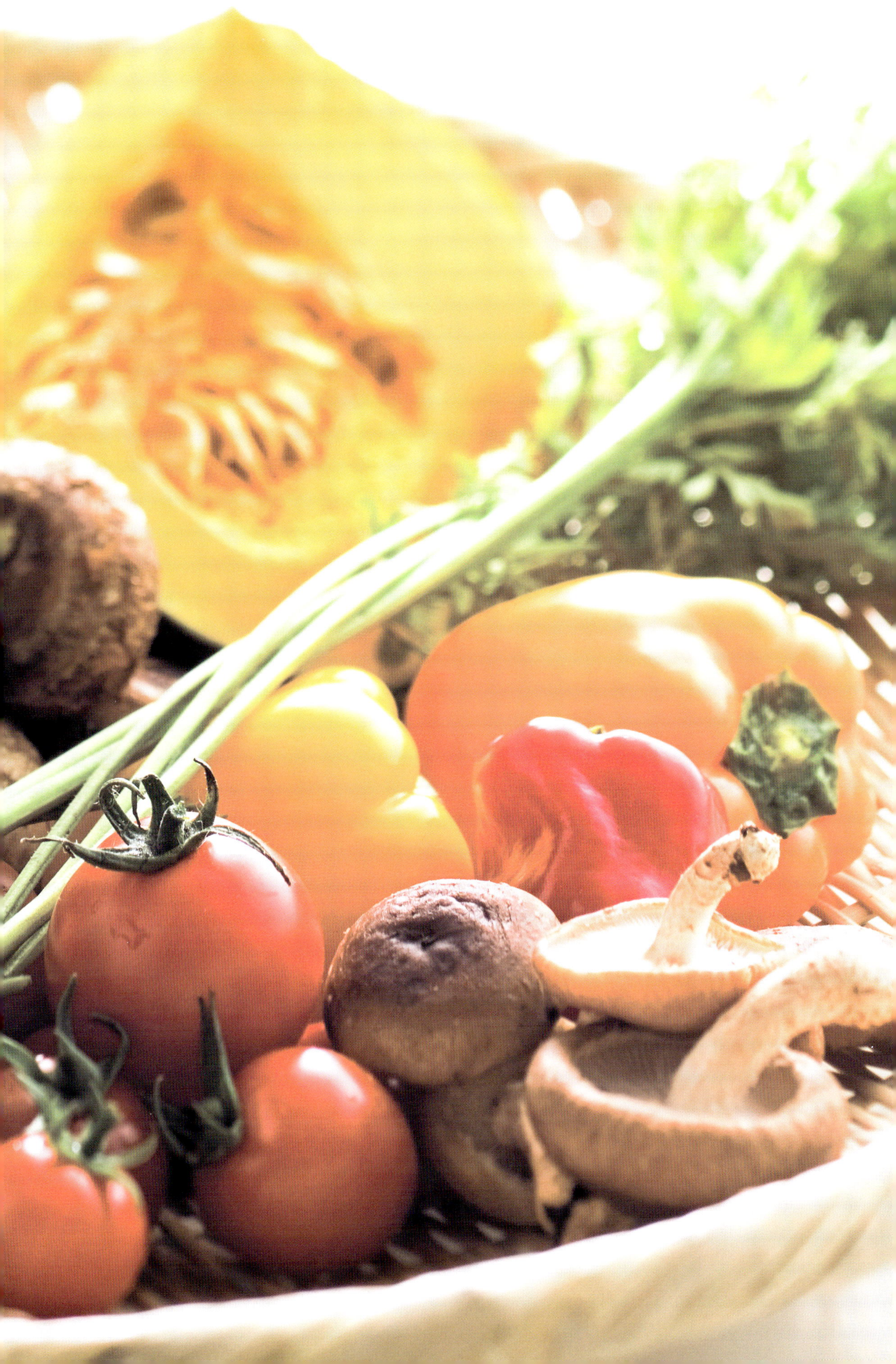

野菜ってどれくらい食べればいい？

野菜は1日350g食べたい

野菜はビタミン、ミネラル、食物繊維などが豊富、しかも低カロリーですから、たくさん食べましょう。体に必要な栄養をとるためには、野菜は1日に350g以上が必要です*。"ほうれんそうのおひたし"くらいの小さなおかず（およそ70g）なら、1日に5～6品を、毎食1～2品を食べましょう。

*国では『日本人の食事摂取基準（2005年版）』に基づき、野菜は1日に350g以上食べることを推奨しています（いも・きのこは野菜とは別になりますが、この本ではわかりやすいように野菜に含めました）。何をどれだけ食べればよいかを表したコマの形の「食事バランスガイド」では、[副菜]＝[野菜・いも・きのこ・豆類（大豆以外）と海藻の料理]を1日5～6皿食べるようにすすめています。

野菜1品70gのおかずから

この本では野菜の重量70g以上*をめやすにした"シンプル小皿"をたくさん作りました（p.22ほか）。また、これを献立に組み込んだメニュープレートも紹介します（p.82）。こうした食事で、1日350g以上の野菜をとることを目指しましょう。
1品70gのおかずに慣れると、野菜の過不足の見当がつけやすくなります。

*食材を調理すると、廃棄量による減量で、できあがり量＝食べる量は少し減ってきます。材料70gを基本に、多めに作る、多めに食べるを心がけてください。

70gの野菜はこんなかんじ

次ページから登場するお皿に70gの野菜をのせてみました。同じ重量でも野菜によってかさはいろいろですし、葉ものの場合は、生と加熱でかさがずいぶん違います。生のサラダならたっぷり食べないと野菜がとれないことがわかります。プレートの5～6コマ分の量が1日に食べたい野菜の量になります。
さて、あなたが今日食べた野菜はどれくらいですか？

→ 加熱すると

→ 加熱すると

野菜を食べる メニュープレート

カフェ風の1つのお皿を利用して、野菜がちゃんと食べられる献立を紹介しましょう。毎日の食事をこんなふうにバランスよく食べれば、健康で美しく過ごせます。

---

menu

- ごぼうハンバーグ
- ほうれんそうとアーモンドのサラダ (p.64)
- かぼちゃのつゆびたし (p.43)
- 雑穀ごはん
 (白米に雑穀ミックスを加えて炊く)
- わかめのみそ汁
 (乾燥わかめ、万能ねぎ入り)

1食分 800kcal　野菜 約250g

＊野菜のおかずは、各ページの"シンプル小皿"のレシピを参照してください。シンプル小皿の材料は1人分です。

ごぼうハンバーグ

354kcal　30分　材料 2人分

[ハンバーグ生地]
- 合びき肉……200g
- たまねぎ……1/2個 (100g)
- ごぼう……1/4本 (50g)
- A ┌ パン粉……カップ1/4 (10g)
　　└ 牛乳……大さじ2
- 卵……1/2個
- 塩……小さじ1/6
- こしょう……少々

[ソース]
- 赤ワイン……大さじ2
- トマトケチャップ……大さじ1・1/2
- とんかつソース……大さじ1/2

[トッピング]
- トマト……1/4個
- たまねぎ……20g

作り方

1. たまねぎは生地用はみじん切り、トッピング用はあらみじん切りにする。ごぼうは大きめのささがきにする。Aは合わせる。
2. ボールに生地の材料を合わせて、よく混ぜ、ねばりが出たら2等分にして丸く形づくる。
3. フライパンにサラダ油大さじ1/2 (材料外) を熱し、生地を中火で焼く。焼き色がついたら裏返して弱火にし、ふたをして6～7分焼く。盛りつける。
4. フライパンの汚れをざっとふいてソースの材料をひと煮立ちさせ、かける。トマトを1cm角に切り、たまねぎとともにのせる。

メニュープレートで野菜の量がつかめる

プレートは4コマに分かれ、主食+主菜+副菜2品をコマごとに盛りつけています。
副菜2品は"シンプル小皿"で紹介した、かんたんな野菜おかず。副菜2品で合計140gくらいの野菜がとれます。主菜や汁の野菜と合わせ、1食で150g以上の野菜がとれることになります。

コマ分けしてみると、1食のうちの[ごはん・肉魚・野菜]の分量と配分が一目瞭然です。これを応用して、あなたがさっき食べた食事を頭の中で分けてみませんか。たとえばカレーライスやパスタのような料理の場合も、頭の中で[ごはん(パスタ)、肉魚、野菜…]と分けてみれば、「野菜が1コマ分くらいたりなさそう」など、具体的な量で判断がつきます。

自分に合った割合で

1日に必要なエネルギーのめやすは表のとおりです。朝昼晩の食事内容を考えて、各メニューを、自分に合った量に増減してください。その場合も、4コマの割合をバランスよく増減するのが理想的です。

エネルギーの食事摂取基準
(推定エネルギー必要量)(kcal/日)

	男 性	女 性
12～14歳	2350～2650	2050～2300
15～17歳	2350～2750	1900～2200
18～29歳	2300～2650	1750～2050
30～40代	2250～2650	1700～2000
50～60代	2050～2400	1650～1950
70代以上	1600～1850	1350～1550

座位が中心(低度)～座って仕事をし、通勤や掃除、買物などをする生活(ふつう)、の場合のめやすです。
*厚生労働省「日本人の食事摂取基準(2005年度版)」から抜粋。

1日350g以上の野菜がとれる食事はこんなふう

朝
・ベーコンエッグ
・にんじんのラペ(p.63)
・フルーツ入りヨーグルト
・パン(雑穀入り)
・コーヒー

昼 p.90のメニュー

p.82～93に紹介したようなメニューを1日2回とり、朝食にも野菜を1品程度とれば、野菜の量は合格です。
野菜が不足するときは、4つの調理法(p.10～)を活用して、たっぷり野菜を補ってください。
食事が不規則になりがちなときも、2～3日、1週間と幅をもって、野菜不足を修正するようにしましょう。

晩 p.82のメニュー

一日の食事の合計 **2000 kcal** 野菜 約**500g**

バランスのよいメニューと食事のコツ

■ 野菜おかずは、彩りよくとりましょう。自然と、根菜、実もの、葉ものを各種食べることになり、野菜がもつ栄養素を、まんべんなくとれます。

■ おかずの味つけや調理法は重ならないように。そのほうがおいしく食べられ、余分な塩分や油脂をとらないことにもつながります。

■ たんぱく質は、魚・肉・卵・豆腐などの大豆製品を偏りなく食べましょう。

■ 1日に1回は、牛乳などの乳製品、くだものをとります。海藻も汁や副菜などでとりましょう。

■ ごはんやパンなどの炭水化物は、体にとって大切なエネルギー源です。ごはん中盛りだったら1日3～4杯がめやすに。ミネラルや食物繊維が豊富な雑穀も利用するとよいでしょう。

menu

- 豚肉のくわ焼き
- トマトぽん酢 (p.61)
- さといもの甘みそのせ (p.42)
  ほうれんそうのおひたし (p.40)
  (それぞれレシピの約半量ずつ)
- 黒米ごはん
  (白米に黒米少々を加えて炊く。黒米はもち米なのでお赤飯風な食感に。ちなみに赤米はうるち米)
- かまぼこのすまし汁
  (かまぼこ、みつば入り)

1食分 683kcal ／ 野菜 約200g

豚肉のくわ焼き

328kcal　10分　材料 2人分

豚ロース肉（しょうが焼き用）
　　　　　　　　　　　160g
かたくり粉　　　　大さじ1・1/2
サラダ油　　　　　大さじ1
しょうがのせん切り　小1かけ分（5g）
[たれ]
砂糖　　　　　　　大さじ1/2
しょうゆ・みりん・酒　各大さじ1

＊たれは、濃いめのめんつゆでも代用できます。

作り方

① 豚肉にかたくり粉をつける。たれの材料を合わせる。

② フライパンに油を熱し、肉の両面を焼く。焼き色がついたらたれを加えてからめる。

③ 盛りつけ、しょうがをのせる。

> かば焼き風の肉のおかずは、下ごしらえなしで焼くだけ。副菜もほうれんそうをゆで、いもをチンしてトマトを切るだけ、といたってシンプル。ご年配の方にも無理なく作っていただけます。

ピリ辛肉豆腐

327kcal 10分 材料 2人分

豚薄切り肉（ロース・ももなど）
　　　　　　　　　　　　160g
もめん豆腐　　　　　2/3丁（200g）
たまねぎ　　　　　　 1/2個（100g）
A ｛ めんつゆ（つけつゆ濃度）　100ml
　　コチュジャン　　　　　　大さじ1

作り方

① 肉は3〜4cm長さに切る。たまねぎは5mm幅に切る。豆腐は4つに切る。

② 鍋にAを入れて火にかけ、たまねぎと肉を入れ、肉をほぐしながら1分ほど煮る。すき間をあけて豆腐を加えてふたをする。弱めの中火にし、時々煮汁をかけながら、5分ほど煮る。

手間なしメニューで、ひとり暮らしの方にもおすすめです。肉豆腐は汁気を増やせば、きのこやにら、はくさいなどを加えて、小鍋仕立てにもできます。

menu

- ピリ辛肉豆腐
- にらとわかめのいため煮（p.22）
- キャベツのごま油あえ（p.60）
- 玄米ごはん
- メンマのスープ（メンマ、ミニトマト、ねぎ入りの中華スープ味）

1食分 678kcal　野菜 約200g

menu

- ポークソテー
  おろしのせ
- パプリカのごまあえ (p.64)
- れんこんの
  レンジなます (p.40)
- 菜めし
  （だいこんの葉先少々を摘んでさっと
  ゆで、ごはんに混ぜる）
- 豆腐のみそ汁
  （豆腐、さやえんどう入り）

1食分 786 kcal　野菜 約 250g

ポークソテーおろしのせ

322 kcal　15分　材料 2人分

豚とんカツ用肉	2枚（200g）
A ｛ 塩・こしょう	各少々
酒	大さじ1/2
かたくり粉	大さじ1
サラダ油	大さじ1/2
[薬味]	
だいこん	200g
みょうが	1個
レモン（くし形切り）	1/4個

作り方

① 肉は筋を数か所切り、Aをふる。かたくり粉をまぶす。

② フライパンに油を熱し、中〜弱火で肉の両面を2分くらいずつ焼いて火を通す。

③ だいこんをすりおろして水気をきり、みょうがを小口切りにして混ぜる。肉を切り分けて盛りつけ、おろしをのせる。レモン汁としょうゆ（材料外）をかける。

肉にはソースをかけるよりだいこんおろしを。消化を助け、低カロリー、野菜もプラスできます。またレモン汁でしょうゆを減らせる減塩効果も。だいこんの葉のβ-カロテンも有効活用しましょう。

とり肉のトマト煮

| 317kcal | 25分 | 材料 2人分 |

とりもも肉(皮つき)……200g
塩・こしょう……各少々
小麦粉……大さじ1
さやいんげん……6本(50g)
黒オリーブの輪切り
　　　　　　　　……6切れ(5g)
オリーブ油……大さじ1
A [たまねぎ……1/2個(100g)
　 にんにく……1片(10g)
B [トマト水煮缶詰(カット)
　　　　　　　　……1/2缶(200g)
　 白ワイン(または酒)
　　　　　　　　……大さじ2
　 スープの素……小さじ1

作り方

❶ Aはみじん切りにする。さやいんげんは4cm長さに切る。

❷ とり肉は目立つ脂を切り落とし、皮つきのまま4～6つに切る。塩、こしょうをふり、小麦粉をまぶす。

❸ 深型のフライパンにオリーブ油大さじ1/2を中火で温め、とり肉を皮から入れ、色よく焼く。裏も焼き、ほぼ火が通ったらとり出す。

❹ フライパンの汚れをふき、オリーブ油大さじ1/2をたして、Aを中火で約5分いためる。Bと肉、さやいんげん、オリーブを加えて3分ほど煮る。味をみて塩、こしょう(材料外)をふる。

主菜の煮ものも野菜入りなので、プレートだけで野菜は充分。飲みものがあればOKです。スープがつくと、さらにパワーアップ。

menu

● とり肉のトマト煮
● きのこのトースター焼き (p.72)
● きゅうりのヨーグルトあえ (p.61) レタス添え
● パン　　1食分 616kcal　野菜 約350g

● アホスープ (p.76)
　(レシピの約1/4量・141kcal)

menu
- とり肉の香味焼き
- キャベツの甘辛酢 (p.38)
- パプリカのおひたし (p.64)
- 麦ごはん
  (白米に押し麦を加えて炊く)
- なるとスープ
  (しいたけ、ねぎ、しょうが、なると入り)

1食分 **692** kcal ｜ 野菜 約 **180** g

濃いめのたれが食欲をそそる主菜です。たれに加えた香味野菜は免疫力アップに効果的なので、少量ずつでも体によいのです。

とり肉の香味焼き

345 kcal ｜ **20**分 ｜ 材料 2人分

とりもも肉	1枚 (250g)
サラダ油	大さじ1/2
サンチュ	2枚
(飾り用) ねぎ	5cm

[香味だれ]

A
- ねぎ … 5cm
- にんにく … 小1片 (5g)
- しょうが … 小1かけ (5g)
- 赤とうがらし (または七味とうがらし) … 少々

B
- 砂糖 … 大さじ1
- しょうゆ … 大さじ1・1/2
- ごま油 … 大さじ1/2

作り方

❶ とり肉は皮側をフォークでところどころつつき、肉側の厚い部分は火の通りがよいように浅く切り目を入れる。

❷ Aをみじん切りにして、Bと合わせ、香味だれを作る。飾り用のねぎはせん切りにして水にさらし、水気をきる。

❸ フライパンにサラダ油を熱し、肉の皮側を強火で2分ほど焼いて、カリッとしたら裏返す。ふたをして中火で4～5分焼き、ほぼ火を通す。香味だれを加えてさらに2分蒸し焼きにし、ふたをとってたれを少し煮つめる。

❹ 切り分けて、サンチュの上に盛りつける。

とりのあぶり焼き

244kcal | 25分 | 材料 2人分

とりもも肉（皮つき）
　　　　　　　　1枚（250g）
A ┌ 塩　　　　　　小さじ1/4
　 └ 酒　　　　　　大さじ1
[添え]
すだち　　　　　　　　1個
ゆずこしょう　　　　　少々
しその葉　　　　　　　2枚

作り方
1. 肉は皮側をフォークでところどころつつき、肉側の厚い部分は火の通りがよいように浅く切り目を入れる。両面にAをもみこみ10分ほどおく。
2. グリルで肉の両面を3〜4分ずつ焼く。

肉と野菜をグリルで一緒に焼いてしまいましょう。野菜おかずがやや不足だなと思ったら、豚汁などの具だくさんのみそ汁をつければ、解決します。

menu
- とりのあぶり焼き
- 焼きしいたけ (p.72)
  薄焼きいも (p.73)
  （それぞれレシピの約半量ずつ）
- 卵豆腐の"だし"がけ (p.65)
  （「オクラの"山形のだし"」のレシピの約半量を卵豆腐にかける）
- 玄米ごはん
- 豆乳豚汁 (p.75)
  （レシピの約1/4量）

1食分 737kcal | 野菜 約160g

menu

- 鮭のつけ焼き
- みず菜のきつねあえ (p.62)
- さつまいもと
  ドライフルーツのサラダ (p.43)
- 塩むすび
  (白米にアマランサスを加えて炊く。
  ごまをつける)
- そば茶

1食分 **702**kcal　野菜 約**160**g

和食では塩気が気になることも。そんなときは甘めのおかずがほっとします。さつまいもやかぼちゃを電子レンジにかけるだけで、自然な甘味のひと品になります。

鮭のつけ焼き

134kcal　**30**分　材料 2人分

生鮭 ……………… 2切れ (160g)
ゆずの皮* ……… 1/4個分
[つけだれ]
酒・みりん・しょうゆ
　　　　　　　　…… 各大さじ1
ゆずのしぼり汁*
　　　　　　　…… 大さじ1/2 (約1/2個分)
[つけ合わせ]
ねぎ ……………… 1本
*ゆずがないときは、レモンで。

作り方

1. つけだれの材料を合わせ、鮭をつけて20分ほどおく。ねぎはグリルに入る長さに切る。

2. 鮭とねぎをグリルで焼く。鮭は裏から焼き、4〜5分して、焼けたら表に返す。途中でねぎが焼けたらとり出す。

3. 鮭の表が焼けてきたら、つけだれを塗って軽く焼いて乾かす。これを2〜3回くり返してたれをしっかりのせる。

4. 鮭を盛りつけ、みじん切りにしたゆずの皮を散らす。ねぎを3cm長さに切って添える。

かじきのみそマヨ焼き

207kcal　20分　材料 2人分

かじきまぐろ……………2切れ(160g)
A ┌ 塩……………………小さじ1/6
　└ 酒……………………小さじ2
(彩り)しその葉…………2枚
[みそマヨだれ]
みそ………………………大さじ1/2
マヨネーズ………………大さじ2
ねぎ………………………10cm
しょうが…………………1かけ(10g)

作り方

① かじきにAをふって10分ほどおく。
② ねぎ、しょうがをみじん切りにし、たれの材料を合わせる。
③ かじきの水気をふき、グリルで両面を3〜4分ずつ焼く。ほぼ焼けたら、表面にたれを広げてグリルにもどし、焼き色をつける。

カロリーを気にしてマヨネーズを敬遠する人もいますが、コクを生かして料理に使うと便利。副菜を油なしの酢のものなどにすれば、味のメリハリもつきます。魚と一緒に野菜を焼いて、もっと野菜を増やしても。

menu
● かじきのみそマヨ焼き
● いんげんのいり豆腐風 (p.39)
● だいこんのアチャラ (p.63)
● 梅おかゆ
(2人分で、米80gにカップ3の水を加え、30分おいてから炊く。鍋炊きの場合は、沸とう後ごく弱火で約40分、途中で混ぜずに炊く。梅干しをのせる)
● りんご

1食分 460kcal　野菜 約170g

menu

- 白身魚のレンジ蒸し
- じゃがいもの
  ぽん酢いため (p.24)
- キャベツの
  塩こんぶあえ (p.60)
- ごはん
- 酸辣湯(サンラータン) (p.74)
  (レシピの約1/4量)

1食分 **622** kcal　野菜 約**250**g

白身魚のレンジ蒸し

205 kcal　**15**分　**材料** 2人分

白身魚*	2切れ (200g)
塩	小さじ1/3
しょうが	1かけ (10g)
しいたけ	3個
酒	大さじ2
[天盛りなど]	
ねぎ	10cm
レモンの半月切り	2枚
しょうゆ・ごま油	各大さじ1/2

*きんめだい、生たら、たいなど。

作り方

1. 魚に塩をふり、10分ほどおく。
2. しょうがはせん切りにし、しいたけは薄切りにする。ねぎは5cm長さのせん切りにして水にさらす。
3. 魚の汁気をふいて耐熱皿にのせる。魚にしょうがとしいたけをのせ、酒をふる。ラップをして電子レンジで約2分30秒加熱する。
4. 魚を盛りつけてねぎをのせ、レモンを添える。しょうゆとごま油をかける。

魚の蒸しものが淡泊なので、副菜にいためものを。生野菜で歯ざわりも。やや塩分が多めなので、気になる場合は、副菜の1品をいもやかぼちゃの甘めのおかずにするとよいでしょう。

かきフライ

379kcal　20分　材料 2人分

かきのむき身（加熱用）
　……………………大6個（120g）
揚げ油………………適量
[衣]
小麦粉………………大さじ1
卵…1/2個 ＋ 水…大さじ1
パン粉………………カップ2/3

[タルタルソース]
マヨネーズ…………大さじ3
ピクルス*（みじん切り）
　……………………大さじ1強
レモン汁（またはピクルス液）
　……………………小さじ1

*写真はp.51で紹介したピクルス。市販品や、なければたまねぎで代用。

作り方

❶ かきは洗い、水気をよくとる。衣の材料を順にまぶしつける。
❷ 揚げ油を高温（170〜180℃）に熱し、かきを色よく揚げる。
❸ タルタルソースの材料を合わせ、フライにかける。

menu
- かきフライ
- キャベツの浅漬け (p.60)
- かぶのパリパリサラダ (p.64)
- ひじきごはん
  （ひじきの煮ものをごはんに混ぜる）
- えのきのみそ汁
  （えのきだけ、万能ねぎ入り）

1食分 771kcal　野菜 約170g

フライにつきもののキャベツのせん切りも、たっぷり食べましょう。ここでは浅漬けに。副菜は生野菜だけでなく、蒸し野菜（p.37など）もおすすめです。ピクルスなどの作りおきも、重宝します。

野菜別の索引

〈あ行〉

アスパラガス
- キャベツと豚肉の蒸し焼き ... 12
- 温野菜のバーニャカウダ ... 34
- 蒸しアスパラガス ... 39
- アスパラのマヨコチュあえ ... 39

アボカド
- づけまぐろとアボカドのサラダ ... 56
- アボカドスライス ... 65
- アボカドハワイアン ... 65

オクラ
- オクラとトマトのサラダ ... 38
- オクラとキャベツの温サラダ ... 38
- オクラ納豆 ... 65
- オクラの"山形のだし" ... 65

〈か行〉

かぶ
- 野菜のトマトチリソース ... 21
- 温野菜のバーニャカウダ ... 34
- 野菜のサラダ漬け ... 49
- かぶのパリパリサラダ ... 64
- かぶのしょうがあえ ... 64
- 和野菜の焼きびたし ... 69
- 豆乳豚汁 ... 75

かぼちゃ
- かぼちゃのピザ風 ... 17
- ラタトゥイユ ... 20
- かぼちゃのオイスターソース味 ... 31
- 三色野菜の蒸しサラダ ... 37
- かぼちゃのつゆびたし ... 43
- かぼちゃのつぶしサラダ ... 43
- 和野菜の焼きびたし ... 69
- あさりのチャウダー ... 77

きのこ
- (しめじ)キャベツと鮭のピリ辛チャンチャン ... 14
- (えのきだけ)はくさいの蒸し煮 ... 18
- ブナピーのペペロンチーノ味 ... 24
- しいたけのナンプラーいため ... 24
- (エリンギ)野菜ミックスサラダ ... 26
- (まいたけ)かぼちゃのオイスターソース味 ... 31
- まいたけのザーリイあえ ... 41
- えのきのおひたし ... 41
- (しいたけ)和野菜の焼きびたし ... 69
- 焼きしいたけ ... 72
- (しめじ)きのこのトースター焼き ... 72
- (しめじ)酸辣湯 ... 74

キャベツ
- キャベツと豚肉の蒸し焼き ... 12
- キャベツと鮭のピリ辛チャンチャン ... 14
- キャベツのお好み焼き ... 15

- キャベツのにんにくいため ... 22
- キャベツのカレーいため ... 22
- 蒸し野菜ととりの韓国だれ ... 32
- 蒸ししゃぶ ... 33
- 温野菜のピーナッツソース ... 35
- 野菜とわかめの湯豆腐サラダ ... 36
- キャベツの甘辛酢 ... 38
- 紫キャベツのコールスロー ... 38
- オクラとキャベツの温サラダ ... 38
- コールスローの温玉のせ ... 44
- 野菜のサラダ漬け ... 49
- キャベツのごま油あえ ... 60
- キャベツの浅漬け ... 60
- キャベツのマスタードドレッシング ... 60
- キャベツの塩こんぶあえ ... 60
- おなじみ野菜のオーブン焼き ... 66

きゅうり
- コールスローの温玉のせ ... 44
- ポリポリ野菜サラダ ... 47
- 野菜のサラダ漬け ... 49
- 野菜のすし酢ピクルス ... 50
- プチピクルス ... 51
- から揚げサラダ ... 53
- あぶりいかのトマトマリネ ... 57
- ごまみそきゅうり ... 61
- きゅうりの南蛮 ... 61
- きゅうりのヨーグルトあえ ... 61
- きゅうりの梅おかか ... 61
- オクラの"山形のだし" ... 65

ゴーヤ
- ゴーヤのごまみそあえ ... 43
- ゴーヤのおひたし ... 43

ごぼう
- 長いもと根菜のぽん酢あえ ... 30
- ごぼうのごま酢 ... 42
- ごぼうサラダカレー味 ... 42
- 和野菜の焼きびたし ... 69
- 豆乳豚汁 ... 75

こまつな
- こまつなとベーコンのマヨいため ... 23
- こまつなと油揚げのいためもの ... 23

〈さ行〉

さつまいも
- さつまいものレモン風味 ... 30
- さつまいもの茶巾 ... 43
- さつまいもとドライフルーツのサラダ ... 43
- 薄焼きいも ... 73

さといも
- さといもの練りごまあえ ... 42
- さといもの甘みそのせ ... 42

さやいんげん
- トマトといんげんの蒸し煮 ... 16
- ポテトのニース風サラダ ... 29
- いんげんのオーロラソースかけ ... 39
- いんげんのいり豆腐風 ... 39

さやえんどう・ししとうがらし・しその葉
- さやえんどうの塩いため ... 23
- ししとうのごま油いため ... 23
- (しその葉)づけまぐろとアボカドのサラダ ... 56

じゃがいも
- じゃがいものぽん酢いため ... 24
- じゃがいもの梅干しいため ... 24
- 野菜ミックスサラダ ... 26
- ジャーマンポテトサラダ ... 28
- ポテトのニース風サラダ ... 29
- 温野菜のバーニャカウダ ... 34
- おなじみ野菜のオーブン焼き ... 66
- ボムボムチーズ焼き ... 70
- 豆乳豚汁 ... 75
- あさりのチャウダー ... 77

春菊・ズッキーニ・スナップえんどう・スプラウト
- (春菊)蒸し野菜ととりの韓国だれ ... 32
- (ズッキーニ)ラタトゥイユ ... 20
- (ズッキーニ)夏野菜のオリーブ風味焼き ... 68
- スナップえんどうのおひたし ... 39
- スナップえんどうの温玉のせ ... 39
- (スプラウト)冷しゃぶサラダのジュレソース ... 54

セロリ
- ポリポリ野菜サラダ ... 47
- 野菜のすし酢ピクルス ... 50
- プチピクルス ... 51
- セロリチーズ ... 63
- セロリのカレー風味マヨネーズ ... 63

〈た行〉

だいこん
- ポリポリ野菜サラダ ... 47
- だいこんの紫漬け ... 48
- 野菜のすし酢ピクルス ... 50
- 冷しゃぶサラダのジュレソース ... 54
- みず菜とチーズイン油揚げのサラダ ... 55
- だいこんのアチャラ ... 63
- だいこんと鮭缶のマヨネーズ ... 63

たまねぎ
- ラタトゥイユ ... 20
- たまねぎのソース焼き ... 24
- たまねぎのバターしょうゆいため ... 24
- 野菜ミックスサラダ ... 26
- ジャーマンポテトサラダ ... 28

- さつまいものレモン風味 　　　30
- 温野菜のバーニャカウダ 　　　34
- コールスローの温玉のせ 　　　44
- (紫たまねぎ) プチピクルス 　　51
- 香味野菜のステーキサラダ 　　52
- から揚サラダ 　　　　　　　　53
- オニオンスライス 　　　　　　62
- たまねぎのピリピリ 　　　　　62
- おなじみ野菜のオーブン焼き 　66
- 夏野菜のオリーブ風味焼き 　　68
- ポムポムチーズ焼き 　　　　　70
- ケーク・サレ 　　　　　　　　71
- アホスープ 　　　　　　　　　76
- あさりのチャウダー 　　　　　77

チンゲンサイ・とうもろこし
- チンゲンサイとねぎのクリーム煮 　19
- (チンゲンサイ) 酸辣湯 　　　　74
- (とうもろこし) 夏野菜のオリーブ風味焼き 　68

トマト
- トマトといんげんの蒸し煮 　　16
- かぼちゃのピザ風 　　　　　　17
- ラタトゥイユ 　　　　　　　　20
- 野菜のトマトチリソース 　　　21
- トマトとみょうがのさっといため 　25
- トマトと卵のいためもの 　　　25
- 温野菜のピーナッツソース 　　35
- オクラとトマトのサラダ 　　　38
- プチピクルス 　　　　　　　　51
- から揚サラダ 　　　　　　　　53
- づけまぐろとアボカドのサラダ 　56
- あぶりいかのトマトマリネ 　　57
- トマトのイタリアン 　　　　　61
- トマトぽん酢 　　　　　　　　61
- 夏野菜のオリーブ風味焼き 　　68
- ポムポムチーズ焼き 　　　　　70
- 酸辣湯 　　　　　　　　　　　74

〈な行〉

長いも
- 長いもと根菜のぽん酢あえ 　　30
- 長いものたたき 　　　　　　　62
- 長いものアンチョビあえ 　　　62
- 長いもの磯辺焼き 　　　　　　73
- 長いものねぎみそ焼き 　　　　73

なす
- ラタトゥイユ 　　　　　　　　20
- なすのチリソース味 　　　　　25
- なすの油いため 　　　　　　　25
- 蒸しなすの香味サラダ 　　　　36
- なすのごま油あえ 　　　　　　41
- なすの豆板醤あえ 　　　　　　41
- なすのとろろこんぶあえ 　　　65

- なすのからしみそあえ 　　　　65
- 和野菜の焼きびたし 　　　　　69
- なすの塩焼き 　　　　　　　　72
- なすの焼きサラダ 　　　　　　72

にら
- にらの卵いため 　　　　　　　22
- にらとわかめのいため煮 　　　22
- にらのおひたし 　　　　　　　40
- にらの酢みそあえ 　　　　　　40

にんじん
- ポテトのニース風サラダ 　　　29
- 温野菜のピーナッツソース 　　35
- 三色野菜の蒸しサラダ 　　　　37
- にんじんの甘酢しょうが 　　　42
- にんじんのレモンはちみつ 　　42
- ポリポリ野菜サラダ 　　　　　47
- だいこんの紫漬け 　　　　　　48
- 野菜の肉みそのっけ 　　　　　59
- にんじんのしょうが酢漬け 　　63
- にんじんのラペ 　　　　　　　63
- おなじみ野菜のオーブン焼き 　66

にんにく
- アホスープ 　　　　　　　　　76

ねぎ
- チンゲンサイとねぎのクリーム煮 　19
- しいたけのナンプラーいため 　24
- 蒸し野菜ととりの韓国だれ 　　32
- (万能ねぎ) 蒸ししゃぶ 　　　　33
- 蒸しなすの香味サラダ 　　　　36
- 野菜の肉みそのっけ 　　　　　59
- ねぎの炭焼き 　　　　　　　　72
- ねぎのごま油風味焼き 　　　　72

〈は行〉

はくさい
- はくさいの蒸し煮 　　　　　　18
- はくさいとりんごのサラダ 　　46

パプリカ・ピーマン
- (パプリカ) ラタトゥイユ 　　　20
- (パプリカ) 温野菜のバーニャカウダ 　34
- パプリカのめんつゆづけ 　　　41
- パプリカのクリームチーズあえ 　41
- (パプリカ) プチピクルス 　　　51
- パプリカのおひたし 　　　　　64
- パプリカのごまあえ 　　　　　64
- (パプリカ) 夏野菜のオリーブ風味焼き 　68
- (パプリカ) ケーク・サレ 　　　71
- パプリカの焼きマリネ 　　　　73
- パプリカのチーズ焼き 　　　　73
- ピーマンの海苔いため 　　　　23

- ピーマンのみそいため 　　　　23

ブロッコリー
- 野菜のトマトチリソース 　　　21
- 温野菜のバーニャカウダ 　　　34
- 温野菜のピーナッツソース 　　35
- 三色野菜の蒸しサラダ 　　　　37
- ブロッコリーのめんつゆマヨ 　38
- ブロッコリーの塩こんぶあえ 　38
- アホスープ 　　　　　　　　　76

ほうれんそう
- ほうれんそうのナムル 　　　　40
- ほうれんそうのおひたし 　　　40
- ほうれんそうのベーコンがけ 　64
- ほうれんそうとアーモンドのサラダ 　64
- ケーク・サレ 　　　　　　　　71

〈ま行〉

みず菜
- みず菜とチーズイン油揚げのサラダ 　55
- みず菜のきつねあえ 　　　　　62
- みず菜のじゃこマヨ 　　　　　62

みょうが
- トマトとみょうがのさっといため 　25
- プチピクルス 　　　　　　　　51
- 香味野菜のステーキサラダ 　　52

もやし・やまのいも
- もやしのカレーいため 　　　　25
- もやしのソースいため 　　　　25
- (大豆もやし) 蒸ししゃぶ 　　　33
- (もやし) 温野菜のピーナッツソース 　35
- (やまのいも) キャベツのお好み焼き 　15

〈ら行〉

レタス
- レタスのかき油いため 　　　　22
- レタスのピリ辛いため 　　　　22
- (フリルレタス) 香味野菜のステーキサラダ 　52
- (サニーレタス) から揚サラダ 　53
- (ロメインレタス) シーザーサラダ 　58
- 野菜の肉みそのっけ 　　　　　59
- レタスのこしょうチーズ 　　　60
- レタスのじゃこドレ 　　　　　60

れんこん
- 長いもと根菜のぽん酢あえ 　　30
- れんこんサラダ 　　　　　　　40
- れんこんのレンジなます 　　　40
- プチピクルス 　　　　　　　　51
- 和野菜の焼きびたし 　　　　　69
- 焼きれんこん 　　　　　　　　73

野菜をたべて元気に暮らそう
ベターホームの野菜の本のご紹介

免疫力を高める野菜おかず139
病気に負けない
体づくりのために
B5判96ページ
本体価格：1200円

ベターホームの野菜料理
あいうえおの野菜別
にひけるおかず300品
A5判192ページ
本体価格：1400円

・春夏のかんたんおかず
・秋冬のかんたんおかず
季節の野菜をふんだんに使った
毎日のおかず
各B5判96ページ
本体価格：各1200円

ベターホームのお料理教室は、全国18か所で開催しています。家庭料理の基本が学べる4コースのほか、「野菜料理の会」「お魚基本技術の会」「手づくりパンの会」などがあります。開講は年2回、春（5月）と秋（11月）です。資料をご希望の方は、全国の下記事務局へお電話いただくか、ホームページからご請求ください。
東京☎03-3407-0471　大阪☎06-6376-2601　名古屋☎052-973-1391　札幌☎011-222-3078　仙台☎022-224-2228　福岡☎092-714-2411
http://www.betterhome.jp

料理研究	ベターホーム協会（山上友子）
撮　　影	中里一暁
スタイリング	青野康子
ブックデザイン	熊澤正人・熊谷美智子（パワーハウス）
イラスト	祖父江ヒロコ
校　　正	ペーパーハウス

野菜をたべる

初版発行　2009年4月1日
7刷　　　2014年3月15日

編　集	ベターホーム協会
発　行	ベターホーム出版局 〒150-8363 東京都渋谷区渋谷1-15-12 〈編集〉Tel.03-3407-0471 〈出版営業〉Tel.03-3407-4871 http://www.betterhome.jp

ISBN978-4-904544-01-3
乱丁・落丁はお取り替えします。本書の無断転載を禁じます。
Ⓒ The Better Home Association,2009,Printed in Japan